比叡ゆばから始まるおいしい話

自然派の食卓へ…

家庭で作れるレシピ50

八木幸子著

目片智子レシピ

西日本出版社

比叡ゆばから始まるおいしい話

はじめに

「ゆばを毎日お召し上がりの方は、どれくらいいらっしゃいますか？」

講演で全国行脚をさせていただいている私は、いつも聴衆の皆様にお尋ねいたします。

ゆばは大豆と水、心と技が織りなす自然食品です。赤ちゃんの離乳食から高齢の方まで安心して食べていただける食材ですが、いざ皆様にお尋ねすると、年に一回食べておられる方はパラパラ、月に一回はパラ、週に一回は極まれで、毎日お召し上がりの方はほとんどおられません。

ゆばはまだ、日常の食卓には少し遠い存在のようです。

しかし、ここ最近、生ゆばの魅力がじわりじわりと広まっているのを感じます。

私が営んでいる比叡ゆば本舗ゆば八で開く百貨店の催事や地域の朝市では、生ゆばが一番の人気者。さらに、ゆば工場で試食していただく出来立ての生ゆばは、もっちりした食感と、とろっとした喉ごしで、お客さまをすぐとりこにしてしまう魅惑の逸品なのです。その生ゆばを、醤油とわさびや生姜のすり下ろしで食べていただくととても美味しいのですが、それだけでは面白くありません。

今回は、料理の仕方次第で様々な味わいを見せてくれる、ゆば本来の力をご紹介しようと、五十のレシピを収めました。フードコーディネーターの目片智子さんと開く料理教室では、「ゆばの料理法をもっと知りたい！」という嬉しい声をたくさん耳にしてきました。そこで、手軽なゆば料理から昔ながらに伝わる伝統料理までを収載しました。ゆばをお楽しみいただくヒントにしていただき、愛情たっぷりのご家庭の食卓に一皿を加えていただければ、大変嬉しく思います。

さらに、ゆばの由来やどんな栄養があるのかといった、ゆばに関するお話をエピソードを交えてご紹介したいと思います。

ゆば屋として、皆様の健康と幸せな毎日の食卓にお役に立つことが私の夢です。過日、講演会場で「毎日比叡ゆばを食べています」という熱烈なファンにお出会いさせていただくことができ、有り難く感激いたしました。

本書は、夫の両親が開業したゆば八商店から、創業六十五年を記念して出版させていただきました。長きに渡り、比叡ゆばを愛し続けて下さいました皆様、ご支援いただいた皆様、お世話になった皆様方に心より感謝申し上げます。またこれからご縁をいただく皆様にも、心からの「ありがとう」をお伝えしたいと願っております。

これからも全社一丸となってご縁を大切にし、「おいしい比叡ゆばづくり」と「新しい食文化の創造」に精進してまいりたいと存じます。

それでは、ゆばにまつわる「おいしい話」の数々を心ゆくまでご賞味下さい。

感謝をこめて　　八木　幸子

もくじ

はじめに ● 2

ゆばレシピ

比叡ゆばの種類 ● 8
とろ〜りゆばの簡単スイーツ ● 8
乾燥ゆばのもどし方 ● 9
三色きざみゆばの簡単利用法 ● 10
おいしいだしのとり方 ● 11
生ゆば山椒焼き ● 12
すまし汁 ● 14
海老の生ゆば巻き含め煮 ● 16
ゆば身丈のきのこあんかけ ● 18
蟹身とほうれん草の生ゆば巻き ● 20
生ゆば鳴門身丈と粟麩べっ甲煮の焚き合わせ ● 22
生ゆばとちりめん山椒のご飯 ● 24
揚げゆば入りかす汁 ● 26
生ゆばのけんちん焼き ● 28
生ゆばと近江牛のカツレツ ゆばチップス衣 ● 30
ゆばとひき肉のハンバーグ 黒酢あんかけ ● 32
グリンアスパラの生ゆば巻きフライ マヨネーズソース ● 34
ラザニア ● 36
ゆばキッシュ ● 38
とろゆばパスタ ● 40
豆乳おからうどん ● 42
豆乳うの花入り生ゆばカレーとナン ● 44
きのことゆばのあんかけ丼 ● 46
生ゆばと玉ねぎと干し海老のかき揚げ ● 48
生ゆば餃子 二種 ● 50

生ゆばの焼き春巻 ● 52
白身魚と生ゆばの三色パプリカあんかけ ● 54
生ゆばと根野菜と海老だんごのポトフー ● 56
牡蠣と生ゆばボールのチャウダー ● 58
生ゆばサラダ ● 60
生ゆばのカルパッチョ ● 62
生ゆばとカラフル野菜のゼリー寄せ ● 64
生ゆばとよもぎ麩の白和え ● 66
生ゆばと椎茸のあたりごま和え ● 68
ゆばごぼう ● 70
蒸し鶏と生ゆばときゅうりのごま酢和え ● 72
揚げゆばのみぞれ和え ● 74
鯵のきずしと生ゆばの卯の花和え ● 76
穴子の生ゆば八幡巻き　山椒風味 ● 78
生ゆばと赤こんにゃくとよもぎ麩のステーキ ● 80

ブロッコリーと生ゆばの豆乳鍋 ● 82
生ゆば寿司　三種 ● 84
角切り豚肉の生ゆば巻き酢豚風 ● 86
ゆばレタスチャーハン　ゆばと蟹のあんかけ ● 88
ゆばマーボー茄子 ● 90
チンゲン菜と生ゆばのクリーム煮 ● 92
生ゆば入り豚ひき肉団子のあんかけ ● 94
韓国風生ゆばナムル ● 96
豆乳おからパンのオープンサンド ● 98
ゆばチップスのタコス ● 100
いちごとヨーグルトのゆばフレークかけ ● 102
生ゆばホットケーキ ● 104
マドレーヌ ● 106
季節のフルーツ煮と小倉あんの焼き春巻 ● 108
生ゆば白玉の黒蜜きな粉かけ ● 110

比叡ゆばから始まるおいしい話

ゆばはなぜ「ゆば」なの？ 114
ゆばと坊さん 118
大豆と水と心と技 122
ゆばは健康食 126
懐石ゆばとゆばのつけ焼き 130
ゆばとお酒の美味しい関係 134
凝縮豆乳とおからから新しい食べものができた 138
ゆば工場感動体験ツアー 142
スーパーシェフのゆば料理 146
ゆばは世界へ 150

比叡ゆば縁起 154
比叡ゆばの歌 158
比叡ゆばを食せるお店 162
比叡ゆばを買えるお店 164
あとがき 166
比叡ゆばのあゆみ 168

協力　食器提供　大洋厨房株式会社

ゆばレシピ

生ゆば

比叡ゆばの種類

比叡ゆばには約二百種のゆばがあります。一口に生ゆばと言っても、とろゆば、おつくりゆばなど、いろんな種類があります。多彩な食材とあわせて料理を楽しんで。

おつくりゆば

豆乳を含んだしっとりした生ゆば。用途／さしみ・にぎり寿司・サラダ・しゃぶしゃぶ・煮物

くみあげゆば

豆乳のとろみが生きた生ゆば。用途／さしみ・軍艦巻・スープ・デザート

比叡とろゆば

とろとろのクリーミーな生ゆば。用途／さしみ・スープ・サラダ・デザート

太巻ゆば　細巻ゆば

生ゆばをくるくる巻いたボリュームのあるゆば。用途／ステーキ・田楽・煮物・鍋物・椀だね・さしみ

引き上げゆば

しっかりと豆乳分を切った生ゆば。用途／巻き物・包み物・さしみ・サラダ・しゃぶしゃぶ・煮物・鍋物

生ゆばは冷凍しておくと保存できます。冷凍に適した生ゆばは、引き上げゆばや引き上げゆばを巻いた細巻・太巻ゆばです。比叡ゆば本舗ゆば八では、ご家庭でご利用しやすい冷凍ゆば「トレー入り生ゆば徳用」もご用意しています。

比叡とろゆばレシピ

とろ〜りゆばの簡単スイーツ

くみあげゆばより
もっとクリーミーな生ゆばが誕生。
メープルシロップとの組み合わせが新鮮です。

比叡とろゆばは、二〇〇五年に生まれたゆば八の赤ちゃん。見た目もプルプルして赤ちゃんのほっぺのよう。やわらかなゆばがお好きな方にご用意した新食感のゆばです。

　ワサビやショウガのすりおろしを添えて、かけつゆでいただくと美味。三色きざみゆばやきざみ海苔を乗せてお試しください。ヘルシーで美味しいです。

比叡とろゆばのメープルシロップがけ

メープルシロップをかけるだけで、豆乳プディングのような極上の味わいに。三色きざみゆばを散らして、混ぜ合わせて食べるのが新しい。くせになりそうな上品な甘さが口に広がります。

きざみゆば　三色きざみゆば

トッピングに最適な乾燥ゆば。用途／フライ衣・トッピング

色付大判ゆば

大判に天然着色をしたゆば。用途／細工物・巻き物・包み物・揚げ物

平ゆば

簡単にもどして手軽に使える乾燥ゆば。用途／巻き物・包み物・しゃぶしゃぶ・鍋物・煮物・揚げ物

乾燥徳用ゆば
（われゆば）

料理に手軽に使えるお徳用乾燥ゆば。用途／煮物・丼・料理全般

ゆばチップス

甘ゆばを焼いた乾燥ゆば。用途／フライ衣・フレーク・クルトン

ゆばフレーク

甘ゆばの手前のゆばを乾燥させて、フレーク状にしたゆば。用途／フレーク・トッピング

大原木《おはらぎ》ゆば

大原女が運ぶ焚き木を模してつくられた細工ゆば。用途／椀だね・煮物・鍋物・麺類

懐石ゆば

玉麩をゆばで包んだ細工ゆば。用途／椀だね・素揚げ

乾燥ゆばのもどし方

「さっとお湯をかけるだけで、
あっというまにもどる」ゆばが、
乾燥ゆばの新常識。
生ゆばの代わりに
十分使えます。

ゆばにお湯をそそぐ

水をはったボールにゆばを入れる

ゆばが破れないように気をつけながら、ゆばを取り出し、布巾でふく

トッピングするだけ！

三色きざみゆばの簡単利用法

赤、緑、黄色、三色のゆばが色とりどりに踊る華やかさ。赤は紅コウジ、緑はクチナシ、ウコン、紅花、黄色はウコンを使った天然色素でトッピングに大活躍！

サラダやスープ、お寿司や和え物など和洋中とジャンルを選ばず、華やかで高級感のある一皿を演出できるのが三色きざみゆば。トッピングや揚げ物の衣に最適です。

美味しいと大好評なのは、意外にも実はアイスクリームやヨーグルト。やわらかいデザートとパリパリした三色きざみゆばがマッチして、癖になりそうな食感です。また、素揚げした三色きざみゆばは素麺などあっさりした一品にもピッタリです。

三色きざみゆばとめかぶの酢の物

小鉢に天盛りに供すると見た目も味も豊かに。三色きざみゆばが食欲をそそります

生ゆばたっぷり根野菜と九条ねぎの卯の花

豆乳スープ

彩り豊かに、栄養価もアップ

ゆば入りちらし寿司

ひと工夫で、豪華に変身

アイスクリーム

かけるときは、たっぷりと。くせになる食感です

基本の技

おいしいだしのとり方

吸い物から煮炊きものまで、
和の料理はだしで決まります。
一番だしは吸い物に、
二番だしは煮物、丼などに
適しています。

一番だし

①水1リットルに、10cm四方の昆布を2枚入れる。（あらかじめ30分程度昆布をつけておいてもおいしいだしが取れる）

②沸騰してきたら、昆布を取り出す

③かつおを二つかみ程入れ

④再び沸騰したら

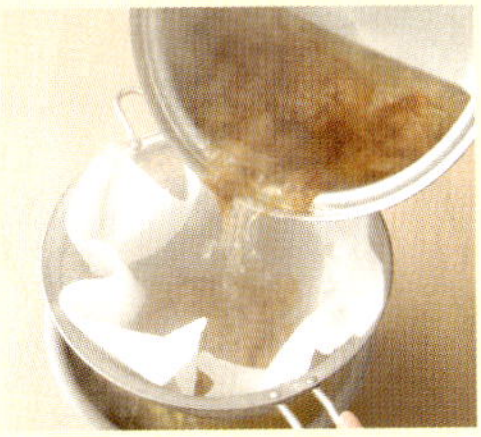

⑤火を止めてこす

二番だし

①水1リットル入った鍋に一番だしを取ったかつおと昆布を入れる

②沸騰したら火を弱めて、ことことと7〜8分煮てからこす

本書のレシピでは、ページの左端に料理で使ったゆばの種類をご紹介しています。

また、材料に「生ゆば（冷凍でも可）」と記してある料理は、生ゆばは勿論、ご家庭でご利用しやすい冷凍ゆば「トレー入り生ゆば徳用」を使って、美味しくいただけます。

おつくりゆば1枚は約50gです。

計量器具について、いずれもすり切れで、1カップ＝200cc、大さじ＝15cc、小さじ＝5ccです。1ccは、1mlです。

ゆば八

生ゆば山椒焼き

修行僧が食していた「ゆばのつけ焼き」を生ゆばでいただく。
ゆばの美味しさがきわだつシンプルな一皿

材料（4人分）
生ゆば ● 4枚
たまり醤油 ● 適量
粉山椒 ● 適量
ハケ（なければスプーンで）
アルミホイル ● 15cm
油 ● 少々

一人分 71kcal

作り方
①アルミホイルに薄く油を塗っておく。
②引き上げゆばを巻いて①に乗せる。
③オーブントースターでこげ目がつくまで焼く。
④③にハケでたまり醤油を塗り、乾かす。これを2〜3回繰り返し、焼き上げる。
⑤粉山椒を添えて供する。

引き上げゆば

すまし汁

吸地にゆばを浮かすだけで
華やかな一品に

材料（4人分）
懐石ゆば（紅緑）● 8個
よもぎ麩● 1／4本
（8つ切りにする）
三つ葉● 1／2束
（熱湯で色よくゆでる）
柚子● 1／4個
（皮の黄色の部分を薄くむいて松葉に切る）

一人分 24 kcal

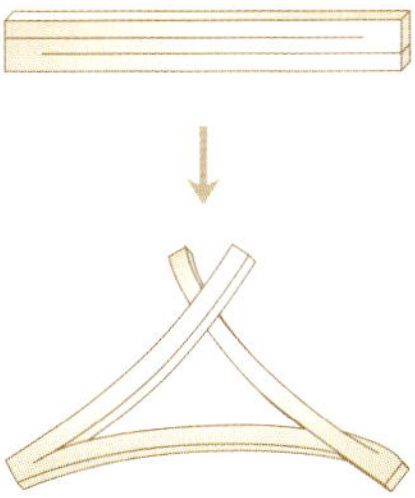

作り方
①よもぎ麩はだし汁で温めておく。
②三つ葉は、片結びにする。
③お椀に①、②、懐石ゆば、柚子を入れて吸地をゆっくり注ぐ。

吸地

材料（4人分）
一番だし汁● 700cc
薄口醤油● 大さじ1
塩● 少々

懐石ゆば（紅緑）

海老の生ゆば巻き含め煮

昔から伝わる伝統料理の一つ。
車海老の風味がゆばに移るまでじっくり煮て

材料（4人分）
生ゆば ● 2枚
車海老 ● 8尾
（殻をむいて背わたを取り、竹串を差してゆばを巻く）
里芋 ● 4個（皮をむいてゆでる）
手まり麩 ● 12個
粟麩 ● 1／4本（8つ切りにする）
きぬさや ● 12枚（色よくゆでる）
柚子 ● 1／4個（皮の黄色の部分を千切りにする）
竹串 ● 8本

A
だし汁 ● 400cc
薄口醤油 ● 大さじ1.5
砂糖 ● 大さじ1
酒 ● 大さじ2
濃口醤油 ● 小さじ2

B
だし汁 ● 200cc
薄口醤油 ● 大さじ1
みりん ● 小さじ2

一人分 187kcal

作り方
①車海老はAの煮汁を沸騰させて3～4分間煮る。
②ゆでた里芋はBの煮汁で4～5分間煮て含め煮にする。
③手まり麩、粟麩もAの煮汁で1～2分間さっと煮る。
④きぬさやはBのだし汁でさっと煮、ざる上げし、だし汁ときぬさやが冷めたら一緒に漬けておく。
⑤器に①～④を美しく盛り、柚子の皮を天盛りにして供する。

引き上げゆば

ゆば身丈のきのこあんかけ

温かいきのこあんとゆばの組み合わせは、栄養満点で上品な一皿

引き上げゆば

材料（4人分）

身丈《しんじょう》

- 生ゆば ● 60g（荒きざみにする）
- すり身 ● 250g（固いときはすり鉢に入れてする）
- きくらげ ● 1枚（水で戻して千切り）
- 人参 ● 10g（千切り）
- グリーンピース ● 大さじ1（ゆでる）
- 薄口醤油 ● 小さじ2
- 酒 ● 大さじ1
- 砂糖 ● 小さじ2

- 梅麩 ● 1／3本（12枚に薄切り）
- 舞茸 ● 1／2パック（ほぐす）
- 白しめじ ● 1／2パック（石づきを取って子房に分ける）
- きぬさや ● 12枚（軸と筋を取って色よくゆでる）
- 水溶きくず粉 ● 大さじ2
- A
  - だし汁 ● 400cc
  - 薄口醤油 ● 大さじ2
  - みりん ● 大さじ1
  - 砂糖 ● 小さじ2
  - 酒 ● 大さじ1

一人分 143kcal

作り方

①ボールに身丈の材料をすべて入れて、よく混ぜる。

②①を4等分にし、耐熱容器に分け入れて、電子レンジで3〜4分間加熱する。

③②をAのだし汁で1〜2分間煮る。

④舞茸、白しめじ、きぬさやをAのだし汁で煮る。梅麩も温める程度に煮る。それぞれ煮汁を冷まし漬け込む。この煮汁に水溶きくず粉でとろみをつける。

⑤器に身丈、④を美しく盛り付け、きぬさやをあしらって、あんを掛けて供する。

ひとくちメモ

身丈が固い場合は、丸められる固さに卵で調整します。きぬさやを色よく仕上げるために、Aのだし汁でさっと煮て、だし汁ときぬさやが冷めたら、だし汁に漬けておきます。

材料（4人分）
生ゆば ● 2枚
ほうれん草 ● 1.5束（色よくゆでる）
蟹むき身 ● 100g（軟骨を取る）
里芋 ● 8個（ゆでてAで煮る）
よもぎ麩 ● 1／2本
（8等分にしAで煮る）
三色きざみゆば ● 適量
だし汁 ● 400cc
薄口醤油 ● 大さじ2
砂糖 ● 大さじ1
みりん ● 大さじ1
酒 ● 大さじ2
（だし汁〜酒：A）
巻す
ラップ

一人分 161kcal

蟹身とほうれん草の生ゆば巻き

ほうれん草の緑とゆばのきなりの渦巻きが情緒的。三色きざみゆばで色のスパイスを

作り方

①巻すの上にラップを広げ、その上に引き上げゆば、ほうれん草を広げて平らに並べ、蟹身を芯にしてくるりと巻く。Aの煮汁で含め煮にする。

②①を等分に切り分け、器に美しく盛り付け、里芋、よもぎ麩をつけ合わせ、煮汁を少しかけて、三色きざみゆばを天盛りにして供する。

引き上げゆば

三色きざみゆば

生ゆば鳴門身丈と粟麩べっ甲煮の焚き合わせ

身丈《しんじょう》にゆばを着せておめかしを。
やや甘辛く焚いてべっ甲煮でいただく

作り方

①すり身、きくらげ、人参をよく混ぜ合わせておく。
②巻すの上にラップを広げ、引き上げゆばを広げておき、①を平らに広げ、手前からくるりと巻く。
③②を蒸し器（4〜5分）か電子レンジ（2〜3分）で蒸し（直接煮ても良い）、Aでことこと7〜8分間煮る。
④粟麩もAで2〜3分間煮る。三度豆もさっと煮ておく。
⑤器に等分に切った③と④を盛り、柚子を天盛りにして供する。

ひとくちメモ

すり身が固い時はすり鉢に入れ、卵を加えてすりこぎで当たる。フードカッターを使っても良いです。

引き上げゆば

一人分 131kcal

材料（4人分）

生ゆば ● 2枚
すり身 ● 250g
きくらげ ● 1枚（水で戻して千切り）
人参 ● 20g（千切り）
粟麩 ● 1／2本
（8つ切りにして180℃の油で揚げる）
三度豆 ● 12本（色よくゆでる）
柚子 ● 1／4個（皮を千切り）

A
だし汁 ● 400cc
薄口醤油 ● 大さじ1
濃口醤油 ● 大さじ1
砂糖 ● 大さじ1.5
酒 ● 大さじ1

巻す
ラップ

生ゆばとちりめん山椒のご飯

いつものちりめん山椒にゆばを入れてひと工夫

材料（4人分）

- 生ゆば●80g（一口大に切ってAで煮る）
- ちりめん山椒●大さじ5
- 木の芽●8枚（たたいて香りを出す）
- ご飯●700g
- A
  - だし汁●100cc
  - 薄口醤油●10cc
  - 酒●10cc
  - 砂糖●小さじ1／2

一人分 309 kcal

作り方

①Aを鍋に入れ、生ゆばを煮る。
②ご飯にちりめん山椒と①のゆばを混ぜる。
③茶わんに②を入れ、木の芽を天盛りにして供する。

引き上げゆば

揚げゆば入りかす汁

薄揚げの代わりにゆばを揚げる。
カリカリしたゆばがかす汁に
絶妙な風味をかもし出す

材料（4人分）

- 生ゆば（冷凍でも可）● 100g
  （一口大に切り、素揚げする）
- 酒かす ● 70g
  （少しのだし汁でふやかしておく）
- A
  - 大根 ● 150g（千六本切り）
  - 人参 ● 50g（千六本切り）
  - ツナ缶（小1缶）
  - こんにゃく ● 1／2枚
    （薄切りにして細かく切る）
- 青ねぎ ● 2本（小口切り）
- B
  - だし汁 ● 700cc
  - 白味噌 ● 20g
  - 酒 ● 50cc
  - 薄口醤油 ● 大さじ1
- 一味とうがらし

一人分 82kcal

作り方

①鍋にだし汁を入れ、Aを加えて約10分間煮る。
②酒かすとBを①に入れて、さらに7～8分間煮る。
③②に揚げたゆばを入れてさっと煮る。
④お椀に③を入れてねぎの小口切りをちらす。好みで一味を添えて。

ひとくちメモ

千六本切りとは、マッチ棒より少し太めの切り方です。

引き上げゆば

生ゆばのけんちん焼き

大豆の良質たんぱく質を
いっぱい含んだ健康料理。
荒つぶしの豆腐とゆばの
歯ごたえが美味しさの秘訣

引き上げゆば

材料（4人分）

- 生ゆば ● 2枚（1枚を半分に切る）
- 白豆腐（絞る）● 1.5丁（荒つぶし）
- きくらげ ● 1枚（水でもどして千切り）
- 人参 ● 20g（千切り）
- グリンピース ● 大さじ2（色よくゆでる）
- 卵 ● 2個（溶いておく）
- A
  - 薄口醤油 ● 大さじ1.5
  - 砂糖 ● 大さじ1.5
  - 酒 ● 大さじ2
  - 水溶き片栗粉 ● 大さじ1
- 油 ● 適量
- B
  - 濃口醤油 ● 大さじ1
  - みりん ● 小さじ2
- 小麦粉 ● 少々

一人分 142kcal

作り方

①フライパンに油少々を熱し、人参・きくらげを炒め、豆腐を加え、さらに炒める。Aで調味し、卵を流し入れ、半熟まで炒めて固める。グリンピースを加えて混ぜ、4等分に分ける。

②ゆばを広げて小麦粉を振り、①をのせて、くるくると包み込む。

③フライパンに②を入れてこんがり焼けたら、Bを加えて焼き、香味をつけ、切り分ける。

材料（4人分）

- 生ゆば（冷凍でも可）● 150g
- 近江牛薄切り ● 250g

つけ合わせ

- レタス ● 5枚（太めの千切り）
- 紫キャベツ ● 80g（千切り）
- サラダ菜 ● 8枚
- トマト ● 1個（くし切り）
- レモン ● 1／2個（くし切り）
- パセリ ● 1枝

- 中濃ソース ● 適量
- 塩・胡椒 ● 適量
- 油 ● 適量
- A
  - 小麦粉 ● 適量
  - 卵＋水 ● 適量
  - ゆばチップス ● 適量（荒く割っておく）

一人分 640kcal

生ゆばと近江牛のカツレツ ゆばチップス衣

湖国近江の自然で育った和牛と
ゆばを合わせた贅沢な簡単レシピ。
生ゆばと牛肉の食感も絶妙

作り方

①牛肉に塩・胡椒をしておく。生ゆばを広げ、小麦粉を振って牛肉をのせて、くるくると「なると」に巻き、Aの衣を（小麦粉⬇卵⬇ゆばチップスの順番に）つける。

②①を170℃の油で約2分間揚げる。食べやすい大きさに切る。

③つけ合わせの野菜をお皿に美しく盛り、レモン、パセリを飾り、中濃ソースを添えて供する。

引き上げゆば

ゆばチップス

材料（4人分）

生ゆば（冷凍でも可）● 80g（みじん切り）
合挽き肉 ● 250g（よくこねておく）
玉ねぎ ● 1／2個（みじん切りにして炒める）
卵 ● 1／2個（溶いておく）
味噌 ● 小さじ2
牛乳 ● 大さじ1〜2（固さを調節）
A

つけ合わせ
コーン ● 1／2本
ブロッコリー ● 60g
ミックスベジタブル ● 60g
エリンギ ● 1パック

油 ● 適量
塩・胡椒 ● 適量

黒酢あん
黒酢 ● 100cc
砂糖 ● 大さじ1〜1.5
酒 ● 大さじ1
味噌 ● 小さじ1／2
塩 ● 少々
B
水溶き片栗粉 ● 大さじ2

一人分 285kcal

作り方

①ボールにAと塩・胡椒を入れてよく混ぜ合わせる。4等分にして、小判型にまとめ、こんがり焼く。
②コーンはゆでて半月に切り、ブロッコリーは小房に分けてゆで、ミックスベジタブルは油で炒める。エリンギは油でこんがり焼く。それぞれ塩・胡椒で調味する。
③鍋に黒酢あんの材料Bを入れ、煮立てば水溶き片栗粉を入れる。とろみがついたら火を止める。
④お皿につけ合わせとハンバーグを盛り付け、黒酢あんを掛けて供する。

ゆばとひき肉の
ハンバーグ
黒酢あんかけ

黒酢でいただく和風ハンバーグ。
子どもから高齢の方までご好評いただける
ヘルシーな一品

引き上げゆば

グリンアスパラの生ゆば巻きフライ マヨネーズソース

手早くできるフライ料理。
グリーンアスパラにゆばを巻いて
栄養価もアップ

材料（4人分）

生ゆば●2枚
グリンアスパラ●12本
（半分に切り色よくゆでる）
A
小麦粉●適量
卵●1個（水を少々加えてのばす）
ゆばチップス●1.5袋（荒く割っておく）

塩・胡椒●少々

つけ合わせ

サラダ菜●8枚
紫キャベツ●70g（千切り）
トマト●1／2個（くし切り）
レモン●1／2個（くし切り）
パセリ●1枝
油

マヨネーズソース

マヨネーズ●大さじ4
レモン汁●大さじ1

一人分 241kcal

引き上げゆば

ゆばチップス

作り方

①ゆばを広げ、小麦粉を振ってグリンアスパラを巻く。

②①にAの衣を（小麦粉⬇卵⬇ゆばチップスの順番に）つけて180℃に熱した油で１～２分間揚げる。半分に切る。

③お皿につけ合わせを美しく盛り、マヨネーズソースを添えて供する。

ひとくちメモ

マヨネーズソースに、ケチャップ大さじ１を入れてもおいしい！

ラザニア

ゆばとチーズ、ホワイトソース、
ミートソースの取り合わせが絶妙な味。
市販のソースを上手に活用して味わってみる

材料（4人分）

- 生ゆば（冷凍でも可）● 150g（4cm～5cmの長さに切る）
- 合挽き肉 ● 200g
- 玉ねぎ ● 1／2個（みじん切り）
- ミートソース（市販）
- 赤ワイン ● 大さじ2～3
- 塩・胡椒 ● 少々
- 三色きざみゆば ● 少々
- ホワイトソース（市販）
- パルメザンチーズ
- パセリみじん切り
- オリーブ油

一人分 331kcal

引き上げゆば

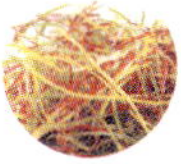

三色きざみゆば

作り方

①フライパンを熱し、オリーブ油で玉ねぎを炒め、合挽き肉も加えてさらに炒める。ミートソース、赤ワイン、塩、胡椒で調味する。

②ラザニアの器にホワイトソース、ゆば、①のミートソースを順に重ね、パルメザンチーズをたっぷり振り掛けて、オーブントースターでこんがり焼き上げる。

③②にパセリのみじん切りを掛けて三色きざみゆばをトッピングして供する。

ひとくちメモ

市販のミートソースに赤ワインを入れてコクを出します。

ゆばキッシュ

アレンジがきく美味しいキッシュ。
ゆばといろんな野菜を合わせて、
カフェ気分でいただく

材料（4人分）

生ゆば（冷凍でも可）● 120g（荒きざみ）
パイ生地（冷凍）● 2枚（めん棒で伸ばす）
ベーコン ● 2枚（1cm幅に切る）
ブロッコリー ● 1／3株
（小房に分けて色よくゆでる）
粒コーン（缶詰）● 大さじ4
マッシュルーム（缶詰）● 大さじ2

A
ホワイトソース（市販）● 1／2缶
（あらかじめ、左の豆乳を加えて混ぜておく）
豆乳 ● 50cc

卵 ● 2個（溶いておく）
生クリーム ● 1／2カップ
塩・胡椒 ● 適量
オリーブ油 ● 適量

一人分 501kcal

作り方

①オリーブ油を入れたフライパンを熱し、ベーコンと生ゆばを炒める。次に、粒コーン、マッシュルームを加えてさっと炒め、ブロッコリーを加え、塩、胡椒で調味しAを入れ、混ぜる。
②キッシュ型にパイ生地を型に合わせて敷く。①を等分に流し入れ、オーブントースターできつね色に焼く。

引き上げゆば

とろゆば
パスタ

とろりとしたとろゆばが
パスタにからんで絶妙の味に！
簡単で栄養たっぷりの
おすすめパスタ

とろゆば

材料（4人分）

とろゆば ● 360g（Aと合わせておく）
スパゲティ ● 320g（ゆでる）
パプリカ（黄）（オレンジ）● 1／4個
（1cm×4cm位に切る）
グリンアスパラ ● 8本
（3～4cmの長さに切ってゆでる）
しめじ ● 1パック（石づきを取ってほぐす）
菜の花 ● 12本（ゆでる）
生クリーム ┐
卵黄 ┘ A
塩・胡椒 ● 少々
オリーブ油 ● 大さじ2～3

一人分 370kcal

作り方

①オリーブ油を入れたフライパンを熱し、しめじ、パプリカを炒め、グリンアスパラ、菜の花、パスタを加えて、さっと炒め、塩、胡椒で調味する。
②①にAと合わせたとろゆばを加え、全体をからめるようにする。塩・胡椒で味を調える。

ひとくちメモ

とろゆばを少量取っておいて、出来上がったパスタの上から掛けたり、パルメザンチーズを掛けるのもおすすめです。

豆乳おからうどん

もちもちした食感がたまらない
豆乳おからうどん。
ゆばを入れて大豆の栄養を
まるごといただく

乾燥平ゆば

材料（4人分）

乾燥ゆば●30g
豆乳おからうどん●4玉（ゆでておく）
かまぼこ（赤）●1／3枚（薄切り）
三つ葉●1／2束
（ざく切り。葉は飾りに）
うどんだし●1000～1200cc
七味●適量

一人分 198kcal

作り方

①豆乳おからうどんを器に入れる。
②鍋にうどんだしを沸かし乾燥ゆば、かまぼこを入れ、さっと煮たら三つ葉を加えて火を止める。
③②を①に入れ、三つ葉を飾り七味を添えて供する。

うどんだしの作り方

材料（4人分）

水●1300cc
昆布●15cm
かつお節（うどん用）●50～60g
砂糖●10g
薄口醤油●60～70cc
濃口醤油●20cc

①鍋に水と昆布を入れて火に掛け、沸騰する直前に昆布を取り出す。
②①にかつお節を入れて、約20分間ことこと煮る。
③②をこして、砂糖、薄口醤油、濃口醤油を加える。

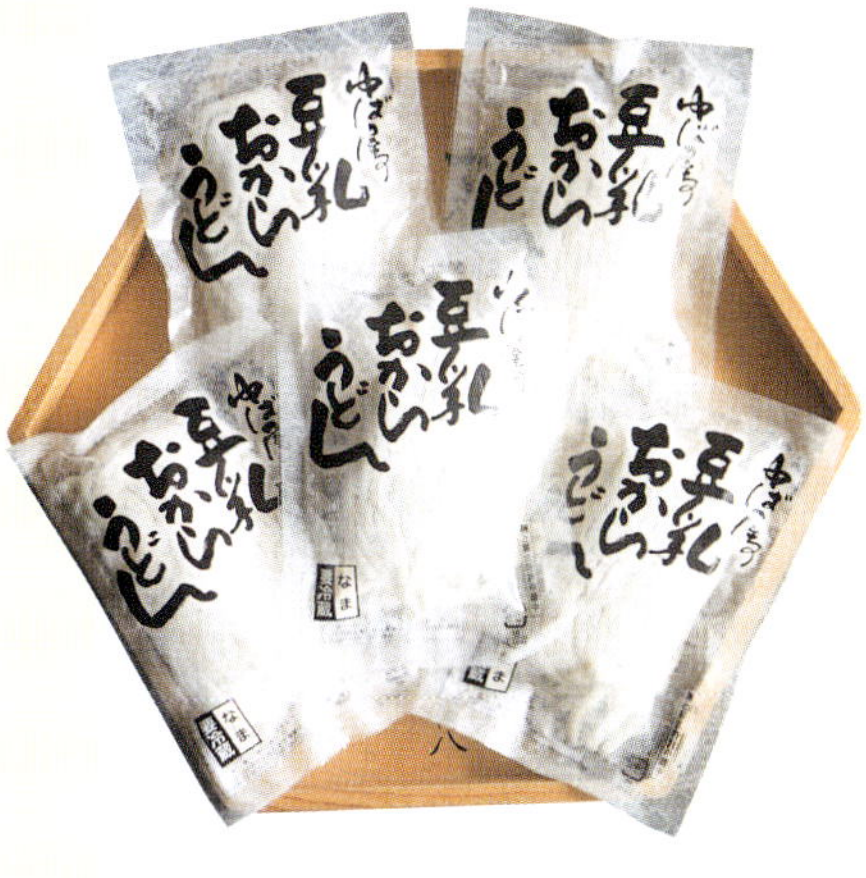

豆乳うの花入り生ゆばカレーとナン

豆乳とおからで、いつものカレーが
まろやかな味に大変身！
一度食べると癖になるヘルシーカレー

材料（4人分）

- 生ゆば（冷凍でも可）● 150g（荒きざみに）
- うの花（おから）● 1カップ（空炒り）
- 豆乳 ● 1カップ
- カレーソース（市販）● 4人分
- ナン（市販）● 4枚（オーブントースターで軽く焦げ目がつく程度に焼く）
- 三色きざみゆば ● 1／3袋
- パセリ ● 1枝

一人分 394 kcal

作り方

①鍋でうの花（おから）を空炒りし、生ゆばを入れ、豆乳、カレーソースも加えて2〜3分間煮る。

②お皿にナンを盛り、①のカレーソースを添えて三色きざみゆばを乗せ供する。パセリも飾る。

引き上げゆば

三色きざみゆば

きのことゆばのあんかけ丼

乾燥ゆばをもどす手間なし。
お手軽なお昼の一品におすすめ

材料（4人分）

- 乾燥ゆば ● 45g
- 生椎茸 ● 4枚（薄切り）
- しめじ ● 1／2パック（石づきを取って小房に分ける）
- かまぼこ（赤）● 1／3枚（薄切り）
- 卵 ● 4個（溶いておく）
- 三つ葉 ● 1／2束（1～2cmのざく切り）
- ご飯 ● 800g

A
- だし汁 ● 400cc
- 濃口醤油 ● 大さじ2
- 薄口醤油 ● 大さじ1.5
- 酒 ● 大さじ1.5
- みりん ● 大さじ1

- 水溶きくず粉 ● 大さじ2～3
- 粉山椒・おろし生姜

一人分 528kcal

作り方

①鍋にAを入れて沸騰させ、生椎茸、しめじ、かまぼこを入れ、3～4分間煮て、乾燥ゆばを入れ、しんなりしたら、三つ葉を入れて卵を流しいれる。

②①にくず粉の水溶きを入れて、とろみをつける。

③丼鉢にご飯を入れ、②を等分にかける。粉山椒、おろし生姜を添えて供する。

乾燥平ゆば

生ゆばと玉ねぎと干し海老のかき揚げ

生ゆばと玉ねぎの甘さが引き立つ。
アレンジのきく揚げ物でお酒のあてにもピッタリ

材料（4人分）

生ゆば（冷凍でも可）● 150g
（2～3cmの長さに切る）

玉ねぎ ● 1.5個（薄切り）
干し海老 ● 40g
三つ葉 ● 1／2束
（2～3cmのざく切り）
A

天ぷら粉 ● 1／2～3／4カップ
卵 ● 1個
水 ● 50～80cc
（材料全体がしっとりまとまる固さにする）
B

油 ● 400～500cc
クッキングペーパー ● 3～4枚（10cm×10cm）
抹茶塩 ● 適量

一人分 220kcal

引き上げゆば

作り方

①ボールにAを入れて天ぷら粉を軽くまぶす。
②①にBを徐々に加えながら混ぜ、材料全体に衣がからまるようにする。
③クッキングペーパーに等分に分けた②を乗せて170℃の油で2～3分間揚げる。
④③を器に盛り、抹茶塩を添えて供する。

ひとくちメモ

大根おろしと天つゆで食してもおいしい。

種がくずれないように、クッキングペーパーに乗せて揚げると簡単、きれいに揚げられます。油の吸収が少ないので、ダイエットにもおすすめです。

材料（4人分）

a 白身魚の餃子

生ゆば ● 2枚（1枚を8つ切り）
白身魚 ● 250g（刺身大に切る）
青じそ ● 4枚（千切り）
梅肉 ● 大さじ1.5

b ひき肉の餃子

生ゆば ● 2枚（1枚を8つ切り）
乾燥徳用ゆば ● 30g
合挽肉 ● 250g
玉ねぎ ● 1／2個（みじん切りにして炒める）
卵 ● 1個（溶いておく）
塩・胡椒
A

水溶き小麦粉 ● 大さじ3〜4
油 ● 適量

一人分 a・111kcal b・257kcal

生ゆば餃子二種

白身魚の餃子
ひき肉の餃子

ヘルシー餃子の決定版。梅肉と白身魚を合わせた和風味とひき肉で作る変わり種餃子。ホームパーティーで人気の一品

引き上げゆば

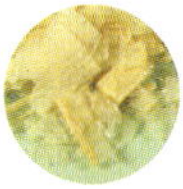

乾燥徳用ゆば（われゆば）

三色きざみゆば

作り方

a 白身魚の餃子

①生ゆばに白身魚、青じそ、梅肉をのせて包み、水溶き小麦粉をつけてひっつけておく。

②フライパンに油を入れて熱し、①を4〜5分間こんがりと焼く。

b ひき肉の餃子

①ボールにAを入れてよくこねる。

②生ゆばに等分にした①を包み、水溶き小麦粉をつけてひっつけておく。

③フライパンに油を入れて熱し、②を7〜8分間こんがりと焼く。

a、bの餃子を器に盛り、三色きざみゆばをトッピングする。餃子のタレや中華ドレッシングで食する。

生ゆばの焼き春巻

焼いた生ゆばのパリパリ感が
とても美味しい。
和風の漬け汁で
あっさりした味わいに

引き上げゆば

材料（4人分）

- 生ゆば●2枚（1枚を4等分にする）
- A
  - 鶏ひき肉●250g
  - 生椎茸●2枚（みじん切りにして炒める）
  - 玉ねぎ●1／2個（みじん切りにして炒める）
  - 卵●1個（溶いておく）
  - 塩・胡椒●適量
- パセリ●1枝
- 油●適量
- 水溶き小麦粉●適量
- ポン酢●適量
- 柚子かレモン●1／2個

一人分 215kcal

作り方

①Aをボールに入れてよく混ぜる。8等分にする。

②ゆばで①を包み、水溶き小麦粉をつけてひっつけておく。

③フライパンに油を入れて熱し、②を7～8分間こんがりと焼く。

④③をお皿に盛り、パセリを飾ってポン酢と柚子（レモン）を添えて供する。柚子のすりおろした皮と果汁をポン酢に入れて食する。

白身魚と生ゆばの三色パプリカあんかけ

色とりどりのパプリカが色鮮やかに食欲をそそる。
あんをかけるだけで豪華な一品に

材料（4人分）

生ゆば（冷凍でも可）● 150g（3cm〜4cmの長さに切る）
白身魚 ● 250g（電子レンジで酒蒸しにする）
パプリカ（黄）● 1／4個（2cm×1cmくらいに切る）
パプリカ（赤）● 1／4個（2cm×1cmくらいに切る）
パプリカ（緑）● 1／4個（2cm×1cmくらいに切る）
グリンアスパラ ● 4本（3〜4等分にしてゆでる）
油・少々

A
だし汁 ● 2カップ
薄口醤油 ● 大さじ1.5
みりん ● 大さじ1
砂糖 ● 少々
塩 ● 少々
片栗粉 ● 大さじ2

一人分 129kcal

作り方

①フライパンに油を入れて熱し、パプリカを炒める。
②①に生ゆば、グリンアスパラを加えてさっと炒め、Aを加え煮立ててとろみをつける。
③器に白身魚を盛付け、②を掛ける。

ひとくちメモ

酒蒸し…耐熱皿に乗せて、お酒を振ってラップをし、電子レンジで加熱すると魚の風味が増します。グリンアスパラも電子レンジでゆでると、栄養と風味が逃げません。

引き上げゆば

生ゆばと根野菜と海老だんごのポトフー

繊維質たっぷりの根野菜とゆばの組み合わせ。栄養バランスのとれた具だくさんスープ

材料（4人分）

太巻ゆば ● 2本（3～4cmの長さに切る）
蓮根 ● 80g（1cm厚さのいちょう切りか半月切り）
ウィンナー ● 4本（隠し包丁をいれておく）
海老だんご ● 8個
人参 ● 40g（ひと口大の乱切り）
ごぼう ● 50g（ひと口大の乱切り）
グリンピース ● 大さじ2（色よくゆでる）
ブイヨンスープ ● 700cc
塩・胡椒

一人分 150kcal

作り方

①鍋にブイヨンスープを入れ、蓮根、人参、ごぼうを入れてやわらかくなるまで煮る。さらにウィンナー、海老だんごを加えて煮る。あくをこまめに取る。
②①に塩・胡椒をして調味し、太巻ゆばを入れて2～3分煮たら、グリンピースを加える。

海老だんごの作り方

材料（8個分）

- 海老●200g
- 卵●1／2個
- 塩●少々
- 片栗粉●大さじ3
- 粉末ブイヨン●ひとつまみ
- 粉末しょうが●少々

A

フードカッターにAを入れて、すり身状にし、等分にまるめる。

牡蠣と生ゆばボールのチャウダー

生ゆばも牡蠣も美味しい冬におすすめの一皿。
電子レンジを使って簡単チャウダーのできあがり!

材料(4人分)

A
- 生ゆば(冷凍でも可)● 80g(荒きざみ)
- すり身(白身)● 100g
- きくらげ ● 1枚(水で戻して千切り)
- 片栗粉 ● 大さじ2

牡蠣(生食用)● 100g
(片栗粉か大根おろしで洗う)

B
- キドニービーンズ ● 30g
- ひよこ豆 ● 30g
- グリンピース ● 30g

人参 ● 50g(乱切りにする)
セロリ ● 80g(筋をとって乱切りにする)
クリームスープ ● 600g
(ホワイトソースとブイヨンでも良い)
白ワイン ● 大さじ5
きざみゆば ● 少量
パセリ ● 1枝(みじん切り)
ラップ

一人分 573kcal

作り方

①Aをボールに入れてよく混ぜて、12等分にして丸め、電子レンジで1分30秒~2分間、加熱しておく。
②牡蠣は白ワイン大さじ3杯をかけて電子レンジで1分間加熱する。
③人参、セロリも耐熱皿にのせて、白ワイン大さじ2杯をかけ、ラップをして1分30秒加熱しておく。
④鍋にクリームスープを入れて、Bを加え2~3分間煮てから①~③をを加え、さらに2~3分間煮る。
⑤④をスープ皿に盛り、きざみゆばをトッピングし、パセリをちらして供する。

引き上げゆば

きざみゆば

生ゆばサラダ

ポテトサラダに
ゆばを合わせる。
ドレッシングは
和風、洋風どちらもＯＫ！

材料（4人分）

- 太巻ゆば ● 2本（1本を6つ切り）
- 三色きざみゆば ● 10g
- サラダ菜 ● 12枚
- とうもろこし ● 1／2本（ゆでて1cm幅位の半月切り）
- ペティトマト ● 12個
- じゃが芋 ● 180g（4～6つ切り）
- パセリ ● 1枝
- マヨネーズ ● 適量
- ドレッシング ● 適量
- 塩・胡椒 ● 適量

一人分 141kcal

作り方

①じゃが芋は、やわらかくなるまで電子レンジで加熱した後、荒つぶしにし、塩・胡椒、マヨネーズで調味する。
②器にサラダ菜を敷き、①のじゃが芋を中央に盛り、まわりに、太巻ゆば、とうもろこし、ペティトマトを美しく盛り、三色きざみゆばを天盛りにする。
③パセリを飾り、ドレッシングを添えて供する。

太巻ゆば

三色きざみゆば

生ゆばのカルパッチョ

生ゆばを平皿に盛って
カルパッチョ仕立てに。
ハーブを散らしてさわやかに

引き上げゆば

材料（4人分）

- 生ゆば ● 2枚（3～4cmの長さに切る）
- サラダ用ハーブ ● 100g
- ペティトマト ● 12個
- パセリ ● 1枝
- フレンチドレッシング ● 適量 ┐A
- 柚子の果汁 ● 適量 ┘

一人分 95kcal

作り方

①引き上げゆばはAに20分くらい漬けておく。

②お皿にサラダ用ハーブを盛り付け、①のゆば、ペティトマトを盛り付けてパセリを飾る。Aを添えて供する。

ひとくちメモ

ごまドレッシングもよく合います。

ドレッシング

材料（各々4人分）

フレンチドレッシング

- ワインビネガー ● 大さじ3
- オリーブ油 ● 大さじ3
- おろし玉ねぎ ● 大さじ1
- レモン汁 ● 大さじ1
- マスタード ● 小さじ1
- 砂糖 ● ひとつまみ
- 塩・胡椒 ● 少々

ごまドレッシング

- ワインビネガー ● 大さじ3～4
- オリーブ油 ● 大さじ2
- あたりごま（ねりごま） ● 大さじ2
- 白すりごま ● 大さじ2
- 塩・胡椒 ● 少々
- 砂糖 ● ひとつまみ ┐隠し味
- 白みそ ● 小さじ ┘

生ゆばとカラフル野菜のゼリー寄せ

ゼリーの中に浮かぶゆばと野菜。
お客さまにお出ししても喜ばれる一品

材料（4人分）

生ゆば● 1枚（1.5cm角くらいに切る）
粉寒天● 2g
だし汁（冷たいもの）● 250cc
梅麩● 1／4本
（薄切りにしてBを掛け、電子レンジで加熱する）
ブロッコリー● 30g（色よくゆでる）
しめじ● 1／2パック（小房に分ける）
パプリカ（赤）● 1／5個
粒コーン● 大さじ3

A
薄口醤油● 大さじ1
みりん● 小さじ2
塩● ひとつまみ

B
だし汁● 50cc
薄口醤油● 小さじ1
みりん● 小さじ1／2

一人分 79kcal

作り方

①しめじはBのだし汁でさっと煮る。

②パプリカはガス火で焼き、皮をむき、1cm角に切る。

③鍋に冷たいだし汁と粉寒天を入れて、沸騰させてから、弱火でことこと2分間煮溶かせる。そして、Aを加える。

④ガラスの小鉢に、ゆば、梅麸、ブロッコリー、しめじ、パプリカ、コーンを分けて入れておく。

⑤④に③を等分に流し入れて、常温で固める。

ひとくちメモ

器に盛り、金粉等を飾るとより豪華な一品に。
食べる直前に少し冷やすとより良い口あたりに。

引き上げゆば

生ゆばと よもぎ麸の 白和え

豊富なたんぱく質を摂取できる副菜。もちもちしたよもぎ麸の食感もポイントに

引き上げゆば

材料（4人分）

- 生ゆば（冷凍でも可）● 100g（2〜3cmに切る）
- 菊菜 ● 2株（ゆでた菊菜なら30g、2〜3cmに切る）
- よもぎ麸 ● 1／3本（2〜3cmの薄切りにする）
- 生椎茸 ● 2枚（薄切りにする）

A
- 白豆腐 ● 1／3丁（水気を切り、ざる等でうらごす）
- だし汁 ● 大さじ2
- 砂糖 ● 大さじ1.5
- 塩 ● ひとつまみ
- 練りごま ● 大さじ2（だし汁でよくのばしておく）

B
- だし汁 ● 1／2カップ
- 薄口醤油 ● 小さじ2
- みりん ● 小さじ1

- すりごま ● 小さじ2

一人分 119kcal

作り方

①菊菜はさっとゆでて、絞っておく。
②よもぎ麸と生椎茸は、Bでさっと煮て絞っておく。
③Aをボールで合わせ、①、②を和えて小鉢に盛り、すりごまを振る。

生ゆばと椎茸のあたりごま和え

ゆばと胡麻の相性は抜群。
三色きざみゆばをアクセントに

材料（4人分）

生ゆば（冷凍でも可）● 100g（食べやすい大きさにざく切り）
三色きざみゆば ● 20g

A
生椎茸 ● 4枚（石づきをとって5mm幅に切る）
人参 ● 30g（太いめの千切り）
糸こんにゃく ● 50g（2〜3cmに切る）

B
だし汁 ● 100cc
薄口醤油 ● 小さじ1
みりん ● 小さじ1／2

C
あたりごま ● 大さじ2
すりごま ● 小さじ2
薄口醤油 ● 小さじ2
砂糖 ● 小さじ1

一人分 123kcal

作り方

①生ゆばとAの材料をBで煮て下味をつける。（電子レンジで加熱しても良い）
②水気を切った①と三色きざみゆば（少し残しておく）とCを加えて和え、等分して小鉢に杉盛りにし、残りの三色きざみゆばを天盛りにして供する。

ひとくちメモ

杉盛り…杉の木のように、中央を高く盛る事。山椒の風味を加えてもおいしい。また、生椎茸をオーブントースター等で焼くと、尚一層風味が増して、ゆばとの相性が抜群です。

引き上げゆば

三色きざみゆば

ゆばごぼう

ごぼうの歯ごたえを
ゆばのまろやかさが包む小鉢もの。
お弁当にも入れてみて

材料（4人分）

- 生ゆば（冷凍でも可）● 200g（一口大に切る）
- ごぼう ● 1本（たて半分に切ってななめ薄切りにする）
- A
  - 濃口醤油 ● 大さじ1.5
  - 砂糖 ● 大さじ1
  - 酒 ● 大さじ2
  - だし汁 ● 大さじ2
- すりごま ● 大さじ1
- ごま油 ● 大さじ1

※七味は好みで加える。

一人分 155kcal

作り方

①ごぼうは水でさっと洗い、アクをとって水気を切っておく。

②フライパンを熱し、ごま油を入れてごぼうを7〜8分間炒め、生ゆばを加える。

③②にAの調味料を加えてさらに4〜5分間炒め煮にする。つやが出たら出来上がり。

④③を小鉢に盛り、すりごまを振って供する。

ひとくちメモ

ごぼうは、茶色の皮の部分に香りと栄養があるので、洗いすぎて白くならないように、かめのこたわしで洗いましょう。

引き上げゆば

蒸し鶏と生ゆばときゅうりのごま酢和え

ごま酢が生ゆばと蒸し鶏を引き立てる。
簡単さっぱり味の和えもの

引き上げゆば

三色きざみゆば

材料（4人分）

生ゆば（冷凍でも可）● 150g（一口大に切る）
三色きざみゆば ● 10g
鶏胸肉 ● 150g
胡瓜 ● 1／2本
いりごま（天盛り用）● 大さじ1
（指で荒つぶしにしておく）

A

ごま酢
いりごま ● 1／2〜1／3カップ
（当りごまを使っても良い）
米酢 ● 大さじ1〜2
果実酢 ● 大さじ1.5〜3
だし汁 ● 大さじ2
薄口醤油 ● 小さじ2
酒 ● 大さじ1

酒 ● 大さじ2（①の鶏用）
塩 ● 小さじ1／3（胡瓜用）

一人分 289 kcal

作り方

①鶏胸肉はお酒を振り掛けて、電子レンジで約2分間加熱し、冷めたら細かくさいておく。

②胡瓜はたて1／2に切り、ななめ薄切りにする。薄塩を振って、しんなりしたら水気を絞っておく。

③ボールに①、②、生ゆばを入れて全体を混ぜて、Aで和える。

④③を等分にして、小鉢に盛り、いりごまを振り、三色きざみゆばを天盛りにする。

揚げゆばのみぞれ和え

カリカリゆばと大根おろしに
かつおだしがしみこむみぞれ和え。
ビタミンEが豊富な
かぼちゃとの組み合わせは栄養も抜群

引き上げゆば

材料（4人分）

生ゆば（冷凍も可）● 150g（一口大に切る）
蓮根● 40g（松に切り、薄切り）
かぼちゃ● 40g（一口大の薄切りにする）
人参● 30g（一口大の薄切りにする）
グリンアスパラ● 4本
（3～4つ切りにし、色よくゆでる）
大根● 6cm 1本（おろし用）
片栗粉●大さじ1 ┐
小麦粉●大さじ2 ┘A
油●適量
土佐酢

一人分 127kcal

松に切った蓮根

作り方

①生ゆばは、Aをまぶして、180℃の油で2～3分間カリッと揚げる。
②蓮根は水で洗ってアクをとり、かぼちゃ、人参と共に電子レンジで2～3分間加熱する。
③ボールに①、②、グリンアスパラを入れて混ぜ、大根おろしと土佐酢を70～80cc加えて、みぞれ和えにする。

土佐酢の作り方

材料（酢1カップに対する割合）

酢● 200cc（1カップ）
だし汁● 50cc
砂糖● 15g
薄口醤油●大さじ1.5
昆布● 8g
花かつお● 5g

土佐酢の材料を鍋に入れ、火にかける。沸騰寸前に昆布を取り出し、かつおを入れる。再び沸騰したら、さらにかつおを入れて（追いかつお）漉し、冷やして使う。

ひとくちメモ

天盛りに糸花がつおを添えると風味が良いです。

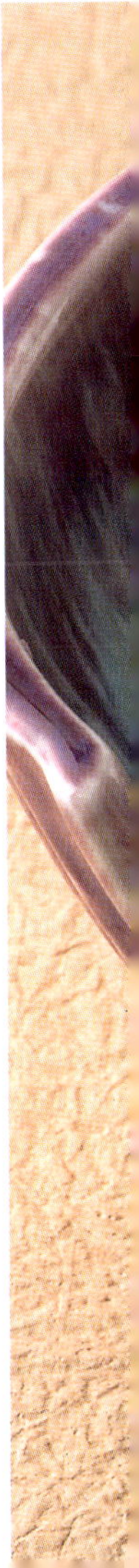

引き上げゆば

鯵のきずしと生ゆばの卯の花和え

うの花が粉雪のように鯵にからむ。白くてサラサラがゆば屋のおから

材料（4人分）

- 生ゆば● 1枚（1cm×3cmくらいに切る）
- 鯵（刺身用）● 200g（すし酢を大さじ1杯振っておく）
- うの花（おから）● 1カップ
- すし酢● 大さじ3（鯵の酢じめの分も含む）

一人分 139kcal

作り方

①鯵は細造りにする。

②うの花はフライパンで空炒りし、すし酢を加えてさらにサラサラになるまで炒める。

③①、②、ゆばを和える。

④小鉢に等分に杉盛りにする。紅たで、柚子の皮の千切りなどあれば天盛りにする。

穴子の生ゆば八幡巻き 山椒風味

濃い目の味を想像しがちな八幡巻き。
生ゆばを巻けばやわらかな味わいに

材料（4人分）

- 生ゆば ● 2枚
- ごぼう ● 大1本（200g～250g）
- 穴子（開き）● 2匹
- 照焼きのタレ ● 適量
- 粉山椒 ● 適量
- 小麦粉 ● 少々
- A
  - だし汁 ● 300cc
  - 濃口醤油 ● 大さじ1.5
  - 砂糖 ● 大さじ1.5
  - 酒 ● 大さじ2

一人分 174kcal

作り方

①ごぼうは15cm位の長さに切り、たて6～8つ切りにして水にさらしてアクを取り、Aで7～8分間煮含める。
②①に小麦粉をまぶして穴子を巻き付けて、金串を刺して照り焼きにする。
③②にゆばを巻き、等分に切り分けてお皿に盛付け、粉山椒を添えて供する。

ひとくちメモ

焼いている途中、串を打ち直して、全体をこんがり焼きます。難しい場合は、川魚屋さんの八幡巻きに引き上げゆばを巻いて作ると、おいしく簡単に仕上がります。

生ゆばと赤こんにゃくとよもぎ麸のステーキ

近江八幡名物の赤こんにゃくをゆばに添えて、紅白の精進ステーキのできあがり。田楽風に味噌だれを合わせても美味

材料（4人分）

生ゆば● 2枚（2cm×5cm位に切る）
赤こんにゃく● 100g（7～8mm厚さに切る）
よもぎ麸● 1／4本（4つ切り）
粟麸● 1／4本（4つ切り）
エリンギ● 2本（7～8mmのななめ切り）
三度豆● 12本（色よくゆで1／2に切る）

油● 適量
塩・胡椒● 適量

A
濃口醤油● 大さじ2
砂糖● 大さじ1.5
酒● 大さじ2
みりん● 小さじ2

Aの調味料は合わせておく。

一人分 91kcal

作り方

①フライパンに油を入れて熱し、材料を順に焼く。
②ゆば、赤こんにゃく、粟麸はAを仕上げに加え、照り焼きにする。
③レモン、柚子、山椒、七味など好みで添えて供する。

味噌だれの作り方

材料

八丁味噌●大さじ2
卵黄●1個
酒●大さじ3
みりん●大さじ1
砂糖●大さじ2
（以上A）

だし汁●適量
（固さを調節）

Aを鍋に入れ、ことこと煮詰める。
だし汁でとろりとした固さにして、
濃度を調節する。

ひとくちメモ

赤こんにゃくは、近江八幡では日常の食卓にのぼるこんにゃく。味は一般のこんにゃくと変わりません。
細巻ゆばのステーキに、塩・胡椒、大根おろし・醤油で食べてもおいしいです。

引き上げゆば

ブロッコリーと生ゆばの豆乳鍋

寒い季節に限らず楽しみたいゆばしゃぶ。
春には菜の花を豆乳鍋に浮かべて

材料（4人分）

生ゆば● 2枚（2cm×5cm位に切る）
ブロッコリー● 150g（小房に分けて色よくゆでる）
えのき茸● 1袋（石づきを切りほぐす）
白菜● 4枚（ざく切りにする）
生椎茸● 4個（石づきをとって1／2に切る）
粟麩● 1／4本（4つ切り）
グリンアスパラ● 4本
（軸の固い所は取り、3等分位に切る）

梅麩● 1／3本（薄切り）

A
豆乳● 800〜1000cc
だし汁● 400〜500cc
薄口醤油● 大さじ3〜4
酒（煮切る）● 1／2カップ
みりん● 大さじ3

七味● 適量

一人分 163kcal

作り方

①土鍋にAを入れて、白菜、生椎茸、粟麩から入れて煮、えのき茸を加え、ブロッコリー、グリンアスパラを入れ、さっと煮て食する。

②①にゆばを入れ、しゃぶしゃぶにして熱々を供する。

③七味を好みで添える。

ひとくちメモ

ゆばは加熱しすぎないで、さっと温める程度がおいしいです。ゆばしゃぶの後に他の食材を楽しんでも。好みで白ねぎ、くず切り、豆腐なども加えてみましょう。大原木などの乾燥ゆばなら、戻さずに入れるだけで召し上がられます。

引き上げゆば

生ゆば寿司三種

三色きざみゆばの軍艦巻
色付大判ゆばの手綱寿司
生ゆばのにぎり寿司

色鮮やかなゆば寿司もこんなに簡単。
手巻き寿司にも色付ゆばが大活躍！

材料（4人分）

三色きざみゆば ● 10～15g
色付大判ゆば（3色）● 各1／8枚
生ゆば（おつくりゆば）● 2枚
（8等分にしてまとめておく）
すしのり ● 2～3枚
（幅広8枚、細8本に切っておく）
三つ葉 ● 1束（色よくゆでる）
ツナ缶 ● 小1缶
マヨネーズ ● 大さじ2
（合わせて混ぜておく）
A
すし飯 ● 600～700g
わさび ● 適量
巻す
ラップ

一人分
a・86kcal
b・109kcal
c・103kcal

作り方

a 軍艦巻…しゃり（すし飯）を8個にまとめ、まわりをのりで巻き、マヨネーズを塗り、三色きざみゆばをのせる。

b 手綱寿司…巻きすを広げラップを敷き、8mm幅に切った色付ゆばを三色交互に斜めに並べ、その上にしゃり（すし飯）を平らに伸ばして、Aを芯にして巻く。

c にぎり寿司…にぎり寿司用のしゃりを8個作り、わさびを塗り、おつくりゆばをのせ、細いのりで帯を巻く。

ひとくちメモ
aにとろゆばを乗せてもおいしい

すし飯の作り方

材料（米10カップに対するすし酢の割合）

米 ● 10カップ
昆布 ● 10センチ
酢 ● 1 1／3（270cc）
砂糖 ● 130g
塩 ● 40g
みりん ● 大さじ2
B

昆布を入れて米を炊く。Bを鍋に入れて砂糖が溶ける程度にあたため、ご飯に掛け、しゃもじで切るように混ぜる。

三色きざみゆば

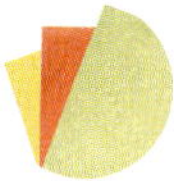
色付大判ゆば

おつくり

角切り豚肉の生ゆば巻き酢豚風

ゆばと豚肉の組み合わせは絶品！
豚肉に生ゆばを巻いて
三、四分揚げただけの
ジューシーな味わいは大満足！

引き上げゆば

一人分 264 kcal

材料（4人分）

- 生ゆば（冷凍でも可）● 150g
  （豚肉の大きさに合わせて長く切る）
- 豚肉角切り ● 250g
- ピーマン ● 1個（乱切り）
- 人参 ● 50g（乱切り）
- 玉ねぎ ● 100g（くし切り）
- 中華スープ ● 500cc ┐
- 酢（黒酢＋果実酢）● 1／2カップ │
- 砂糖 ● 大さじ2.5 │
- 老酒《ラオチュー》 ● 大さじ3 │ A
- 濃口醤油 ● 大さじ2 │
- 塩・胡椒 ● 少々 │
- 片栗粉 ● 大さじ3〜4 ┘
- 小麦粉 ● 大さじ2 ┐ B
- 片栗粉 ● 大さじ2 ┘
- 油 ● 適量

作り方

①豚肉に老酒を少々掛け、塩・胡椒をし、Bの少しをまぶし、生ゆばを巻き、再びBをまぶして170℃の油で3〜4分間揚げる。

②フライパンに油を入れて熱し、玉ねぎ、人参を炒め、ピーマンも加えて色よく炒める。①を加えAを流し入れ、沸騰させてとろみを出す。

ひとくちメモ

Aの酢は、2種以上の酢を好みの割合で合わせる事によって、ツンとした角が丸くなります。

ゆばレタスチャーハン
ゆばと蟹のあんかけ

ゆばと蟹を合わせて豪勢に。市販の冷凍炒飯を上手に使えば美味しく簡単。レパートリーの一つにおすすめ

材料（4人分）

- 生ゆば（冷凍でも可）● 150g（一口大に切る）
- 乾燥徳用ゆば ● 30g
- 冷凍炒飯 ● 1.5袋（700g）
- レタス ● 1／2個（1cm幅位にざく切りにする）
- 蟹むき身 ● 100g（軟骨は取り除いておく）
- 卵 ● 2個（溶いておく）
- A
  - 水溶き片栗粉 ● 大さじ3
  - だし汁 ● 400cc
  - 薄口醤油 ● 大さじ1
  - みりん ● 大さじ1
  - 酒 ● 大さじ1
- 油 ● 適量

一人分 511kcal

作り方

①フライパンに油を入れて熱し、炒り卵を作り、レタスと生ゆばを炒め、さらに炒飯（電子レンジで温めておくと早く仕上がる）を入れて炒める。

②鍋にAを入れて煮立て、乾燥ゆばと蟹むき身を加え、さっと煮る。

③①を皿に等分に盛り、上から②のあんを掛けて供する。

引き上げゆば

乾燥徳用ゆば（われゆば）

ゆばマーボー茄子

ゆばで市販のマーボー茄子にひと味を加える。
栄養バランスの良い一皿を手早く仕上げて

材料（4人分）

- 生ゆば（冷凍でも可）● 150g（一口大に切る）
- 茄子 ● 大2個（たて6つ位に切る）
- ピーマン ● 2個（たて6つ位に切る）
- 人参 ● 50g（一口大の乱切りにする）
- マーボー茄子の素（市販）● 1袋
- 油 ● 適量

一人分 252kcal

作り方

①茄子は160℃に熱した油で約30秒揚げる。
②フライパンに油を熱し人参を炒め、次にピーマンを加えて炒める。
③②に茄子とゆばを加えて炒め、マーボー茄子の素を加えてさっと煮立てる。
④③を等分にお皿に盛りつける。

チンゲン菜と生ゆばのクリーム煮

ゆばに合わせたいのは、
ビタミン類が豊富な野菜。
ほっこりした気分でいただきたい一皿

材料（4人分）

- 生ゆば（冷凍でも可）● 150g
  （一口大に切っておく）
- ホタテ缶詰 ● 小1缶
  （1cm×3cmくらいに切る）
- ホワイトソース ● 1.5カップ
- 中華スープ ● 1カップ
- 塩・胡椒 ● 少々
- チンゲン菜 ● 3株
- 胡麻油 ● 大さじ2
- 老酒 ● 大さじ2

一人分 397kcal

作り方

①チンゲン菜は中華スープでゆでて、3〜4つに切り、お皿に並べておく。
②フライパンを熱し、胡麻油を入れて生ゆばを炒め、老酒を加え、ホワイトソース、スープを加えて煮る。
③②にホタテの缶詰を汁ごと入れて、塩・胡椒で調味する。
④①に等分した③をたっぷり掛けて供する。

ひとくちメモ

ホワイトソースと中華スープの代わりに、クリームスープを使うと、あっという間に出来上がります。

生ゆばの代わりにとろゆばを使ってもおいしいです。

ホワイトソースの作り方

材料

- 小麦粉 ● 10g
- バター ● 10g
- 牛乳 ● 120cc
- 塩・胡椒 ● 少々

鍋にバターを溶かし、小麦粉を入れて弱火で炒め、少しずつ牛乳を注ぎ入れてのばしていく。スープを少々加えても良い。

生ゆば入り豚ひき肉団子のあんかけ

ゆばと豚肉と合わせるとビタミンB1が豊富に。
疲労回復に効果あり

材料（4人分）

A
生ゆば（冷凍でも可）● 150g
（荒みじん切り）
豚ひき肉 ● 200g
玉ねぎ ● 1／2個
（みじん切りにして炒める）
豆腐（絞り豆腐）● 1／4丁
（細かくつぶしておく）
酒 ● 大さじ1
薄口醤油 ● 小さじ2
砂糖 ● 小さじ2
片栗粉 ● 大さじ2
塩・胡椒 ● 少々

B
片栗粉 ● 大さじ3
小麦粉 ● 大さじ3

パプリカ ● 1個（1cm角に切る）
きぬさや ● 12枚（色よくゆでる）
玉ねぎ ● 1個（1cm幅位のくし切り）

C
中華スープ ● 500cc
胡麻油 ● 大さじ2
水溶き片栗粉 ● 大さじ4
濃口醤油・砂糖 ● 各大さじ1
老酒 ● 大さじ2

油 ● 適量

一人分 368kcal

作り方

①Aをボールに入れてよく混ぜ、一口大に丸めてBを付け、170℃に熱した油で2～3分間揚げる。
②フライパンに胡麻油を少々入れて熱し、玉ねぎとパプリカを炒め、きぬさやを加える。Cを加えてひと煮立ちさせ、あんを作る。
③①をお皿に盛り、②のあんを掛けて供する。

ひとくちメモ
絞り豆腐は、布巾かペーパータオルに包み、まな板などを乗せ、重しをしておきます。

引き上げゆば

材料（4人分）

A
- 生ゆば●100g（5mm幅位に切る）
- 生椎茸●2枚
（オーブントースターで焼いて5mm幅に切る）
- もやし●50g（ゆでておく）
- いりごま●大さじ2
（荒ずりにするか、切りごまにする）
- 胡麻油●大さじ1
- 濃口醤油●小さじ2
- 砂糖●小さじ1
- おろし生姜●小さじ1

B
- ほうれん草●1束
（3〜4cmの長さに切ってゆでる）
- はるさめ（戻して）●100g
（3〜4cmの長さに切る）
- いりごま●大さじ2
- 胡麻油●大さじ1
- 濃口醤油●小さじ2
- 砂糖・塩●各少々

韓国風生ゆばナムル

ゆでて和えたおかずがナムルとか。
ゆばを入れて韓国風小鉢に。食感が絶妙

引き上げゆば

切り干し大根（戻して）● 100g
（3～4cmの長さに切る）
人参 ● 50g
（3～4cmの長さで太めの千切りにする）
いりごま ● 大さじ2
卸しにんにく ● 小さじ1
砂糖・塩 ● 各少々
コチュジャン ● 大さじ1
（以上 C）

一人分 260kcal

作り方

①A・B・Cはそれぞれボールに入れて混ぜ合わせ、器に盛る。
②それぞれの天盛りに、切りごま、糸とうがらし、木の芽、柚子の皮、山椒などを使う。

材料（４人分）

豆乳おからパン（ひじき入り）●１個

（８等分に切り、間に切り込みを入れる）

豆乳おからパン（プレーン）●１／２本

（８等分に切る）

生ゆば（おつくりゆば）●２枚

（３～４cmの長さに切る）

トマト●１個（食べやすい大きさに切る）

サラダ菜●１／２株（１枚ずつ離しておく）

ポテトサラダ●120g

ロースハム●４枚（１／２に切る）

A 辛子マヨネーズ

A 味噌マヨネーズ

A めんたいこマヨネーズなど

パセリ

一人分 511kcal

豆乳おからパンのオープンサンド

もちもちした食感が美味しい豆乳おからパン。
休日のブランチにおすすめ

作り方

①パンは生でもおいしいが、トーストしても香ばしい。
②パンには好みのAを塗って、トマトやゆば、サラダ菜をはさむ。
③お皿にサラダ菜を敷き、②、ポテトサラダ、ハム、ゆばを美しく盛りつけて、パセリを添えて供する。

ポテトサラダ

材料

じゃが芋●2個（ゆでてつぶす）
胡瓜●1／4本（半月切り）
人参●30g（いちょう切り）
玉ねぎ●1／2個
（スライスして薄塩をした後、絞る）
マヨネーズ●大さじ3
塩・胡椒●少々
レモン汁●大さじ1
砂糖●ひとつまみ

●ひとくちメモ
プルプルしたとろゆばとジャムを合わせて、サンドしてもおいしい！

ゆばチップスのタコス

ゆばチップスにとろゆば入り
アボカドディップをつけて。
白ワインやビールのおつまみに最高！

材料（4人分）

- ゆばチップス ● 1袋
- とろゆば（生ゆば使用の場合は荒きざみ）● 100g
- アボカド ● 1個
（種をとって皮をむいてペースト状にする）
- 生クリーム（脂肪50％）● 50cc
- 塩・胡椒 ● 少々
- マヨネーズ ● 大さじ2
- マスタード ● 小さじ1
- レモン汁 ● 小さじ2

A

- タコス（市販）● 100g
- ハーブかパセリ ● 1枝

一人分 255 kcal

ゆばチップス

とろゆば

作り方

①Aをボールで合わせておき、小鉢に盛って、ハーブを天盛りにする。
②大皿にゆばチップス、タコスを盛り①の小鉢を添えて供する。

ひとくちメモ

とろゆばをきざむように混ぜて、驚きのクリーミーな味に！

いちごとヨーグルトのゆばフレークかけ

サクサクしたゆばにヨーグルトがマッチ。
朝食やおやつにピッタリの
ヘルシーな一品。季節のフルーツを添えて

材料（4人分）

ゆばフレーク ● 1／2袋
三色きざみゆば ● 5g
いちご ● 12粒
ヨーグルト ● 1パック（500g）
はちみつ ● 適量

一人分 212kcal

作り方

①ガラス小鉢にヨーグルトを盛り、はちみつを掛け、ゆばフレーク、いちごを乗せる。

②①に三色きざみゆばをトッピングして供する。

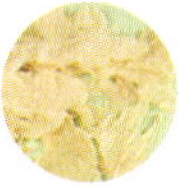

ゆばフレーク

三色きざみゆば

生ゆばホットケーキ

生ゆばをたっぷりいれたホットケーキ。
栄養満点のお手軽おやつ。意外な食感は驚き！

材料（4人分）

- 生ゆば（冷凍でも可）● 80g（細かくきざむ）
- ホットケーキミックス● 200g
- 牛乳● 150cc
- 卵（M）● 1個
- レーズン● 20g
- くこの実● 大さじ2（ラム酒に漬けておく）
- まつの実● 大さじ2
- 油● 少々

一人分 314kcal

作り方

①ボールにホットケーキミックス、牛乳、卵、レーズン、くこの実、まつの実、ゆば、すべて混ぜ合わせる。

②フライパンに薄く油を塗って熱し、①を4等分にして焼く。（弱火3分、裏返して2分焼く）

ひとくちメモ

焼く前に、熱したフライパンの底を、濡れ布巾の上でさっと冷やすと、きれいに焼きあがります。

マドレーヌ

ゆばや木の実が香ばしい焼き菓子。
生ゆばが入った生地のもっちり感が新鮮

材料（8個分）

生ゆば（冷凍でも可）● 50g（細かくきざむ）
ゆばチップス ● 1／3袋（細かく割る）
マドレーヌミックス粉 ● 1箱（200g）
卵 ● 2個（100g）
牛乳 ● 30cc（大さじ2）
バター（マーガリンでも可）● 50g（大さじ4強／溶かす）
レーズン ● 大さじ2
くるみかアーモンド ● 30g
くこの実 ● 大さじ2

2個分 459kcal

作り方

①ボールに卵、牛乳、溶かしバターを入れ、泡立て器で混ぜ合わせる。ここへ生ゆばを入れて全体に混ぜる。ミックス粉を加えて、2分間よく混ぜ合わせる。
②8個の型に①を均等に流し入れ、ゆばチップス、くるみ（アーモンド）、くこの実をのせて170℃のオーブンで15～20分焼く。

ひとくちメモ

くこの実は焦げやすいので、生地の中に混ぜ込んでおきましょう。

引き上げゆば

ゆばチップス

季節のフルーツ煮と小倉あんの焼き春巻

果汁でできるホットアップルと一緒に。お抹茶にも合う菓子

材料（4人分）

生ゆば●2枚（1枚を4等分に切る）
リンゴ●1個（芯を取り1cm幅位のくし形に切る）
バナナ●1本（たて4つ切り位に切る）
小倉あん●80g（4等分にする）
シナモン●適量
ブランデー●大さじ1
レモン汁●大さじ1
粉糖●適量
油●少々
グラニュー糖●少々

一人分 158kcal

作り方

①リンゴは耐熱皿に並べてレモン汁、シナモン、グラニュー糖少々をかけ、電子レンジで2～3分間加熱する。

②バナナにはレモン汁をかけ、褐変を防ぐ。

③ゆばを広げ、粉糖をかけ、リンゴ、バナナ、あんを包み込む。

④熱したフライパンに油を薄く塗り、③を両面こんがりきつね色に焼く。3～4等分に切ってお皿に盛り付け粉糖を振る。

ひとくちメモ

①の果汁はお湯で割ってホットアップルドリンクにして飲むと、おいしい！フルーツはキーウィ、柿、いちじく、苺など旬を楽しんで……。

生ゆば白玉の黒蜜きな粉かけ

疲れたときに欲しくなる甘み。
ゆばと豆乳入りだから
体にやさしいおやつになる

材料（4人分）

A
- 生ゆば（冷凍でも可）● 100g
（細かくみじん切りにする）
- 豆乳 ● 100〜120cc
- 白玉粉 ● 120〜150g
- グラニュー糖 ● 大さじ2

- 季節のフルーツ ● 適量
- フルーツミックス（缶詰）● 小1缶
- 小倉あん ● 80g
- きな粉 ● 大さじ4
- 黒蜜 ● 大さじ4

一人分 338kcal

作り方

①Aをボールに合わせてよくこねる。注：豆乳は少しずつ入れていき、耳たぶの固さにする。

②①を直径3cm程度のだんごに丸めて、沸騰したお湯でゆでる。

③②を氷水でさっと冷やし、水気を切っておく。

④器に③、フルーツ、あんを美しく盛り、黒蜜ときな粉を掛ける。ミントの葉などがあれば飾る。

ひとくちメモ

白玉だんごは、熱湯でゆで、浮いてきたらさらに一〜二分間ゆでる。中心まで加熱すると、おいしい白玉だんごの完成です。

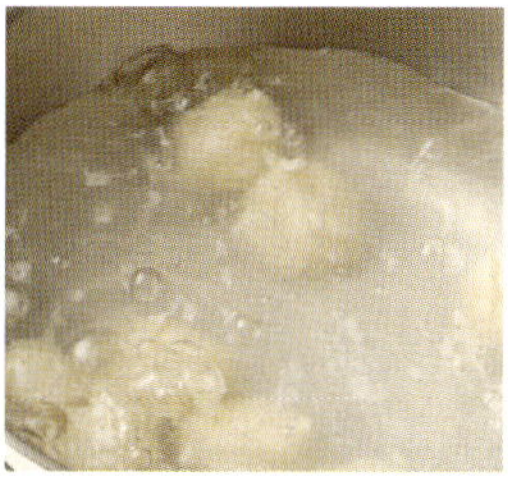

折紙は色付大判ゆばで
折られたものです。

比叡ゆばから始まるおいしい話

ゆばはなぜ「ゆば」なの？

以前、ラジオ番組にゲスト出演したときのことです。番組の中で、とんでもないニックネームをつけられたことがありました。

ことの発端は、ゆばに興味を持ってくださったパーソナリティの方の質問でした。

「八木さん、ゆばはどうして「ゆば」と言うんですか？」

「ゆば」という独特の響きからか、意外にこの質問を多く受けます。

ゆばはその昔、「うば」と呼ばれていました。ゆばは、熱した豆乳の表皮を竹串で一枚ずつすくって作られます。豆乳を加熱したときに出来る皮膜の皺《しわ》の様子から「姥《うば》（媼）」といわれ、ウバからユバへなまったものと言われているのです。（『本朝食鑑』一六九五年、人見必大著）

私は、ゆばの語源が「姥」であることを明かしました。すると、こともあろうに私を「ユバーバ」と呼び出したのです。抵抗する私に、

「だって、八木さんはゆば屋さんだから、ユバーバやん！」

と、パーソナリティの方はことも無げに言って笑います。

ユバーバと言えば、宮崎駿監督の映画「千と千尋の神隠し」の「湯婆婆」を思い出します。金銀財宝を抱え込み、千尋に向かって叫ぶ大きな顔……。あの湯婆

婆の顔に深く刻まれた皺は、確かにゆばの皺に似て非なり。映画は私も大好きです。しかし、その「ユバーバ」と呼ばれては、ゆば屋を営んでいるとはいえ、心から喜べないのが正直なところ。なんとかその名を返上したいという思いに燃えて、機会をうかがっていました。

実は、ゆばの語源は「姥」だけではありません。

ゆばの歴史は古く、語源は諸説あります。

江戸時代の百科全書と言われる『和漢三才図会』（一七一二年成立、寺島良安著）では、ゆばは「宇波《うば》」と書き、うばには「媼」という字を当てているようです。

近世の風俗の起源などを解説した『骨董集』（一八一三年成立、山東京伝著）では、「本名はうばなり。その色黄にて皺あるが、姥の面皮に似たるゆゑの名なりといへるは、みだりごとなり。異制庭訓往来に豆腐上物《うわもの》とあるこそ本名なるべけれ。」と記されています。

また、「上波」「油波」「油皮」という字を使った時代もあり、いずれも当て字と言えますが、製造工程に由来しているようです。

ゆばといえば、京ゆばと日光ゆばがあります。この二つのゆばの漢字が違うことはご存知でしょうか？　京ゆばは「京湯葉」、日光ゆばは「日光湯波」が正式です。色も味も上品なゆばに「波」や「葉」という字を当てるのは、白い豆乳の表面に生まれたさざなみ、あるいは水面に浮かぶ葉をたとえたようで、風情があり、精進料理の王様と言われる「ゆば」にふさわしく思えます。

ゆばを生み出した中国では、豆腐皮《ドウフゥピィ》と言っています。豆腐を作る時に表面に凝固する部分をすくいとって乾燥したものと、『本草綱目』（一五七八年、李時珍著）には記されているようです。

中国の料理法は日本よりバリエーションが豊か。炸響鈴《チャアシャンリン》という料理は、肉や野菜を合わせた具を豆腐皮で巻いてから、油で揚げた一品です。食べたときに「サクサクッ」と音がして、鈴の響きにたとえることから命名されたとか。さすがに食の大国、中国です。名前からも、揚げたゆばの絶妙な食感に注目していたことがわかります。

私が営んでいるゆば屋の由来もお話ししましょう。名前は「比叡ゆば本舗ゆば八」と言います。故義父母、八木光男と富栄が昭和十五年（一九四〇）に「ゆば八商店」を創業しました。当時から比叡山延暦寺御用達としてご縁をいただき、創業者の次男八木憲一が法人化した昭和四十四年（一九六九）に、比叡山延暦寺のご了解を得て「比叡ゆば」ブランドを立ち上げたのです。私は八木憲一に、見合いの翌日にプロポーズされて電撃結婚をし、結婚後はゆば八の仕事を手伝ってきました。平成六年（一九九四）に夫が急逝し、遺志を継いで三代目に就任、今に至っています。

夫と出会ってからというもの、夫婦二人三脚でゆばひと筋に生きてきましたから、先のラジオ番組で「ユバーバ」と呼ばれても当然の人生なのです。

さて、ユニークな呼び名を付けられた私でしたが、その後、見事に「ユバーバ」の返上に成功しました。名誉挽回のチャンスは番組が八回目を迎えたときに訪れたのです。

「今日は番組が八回目なんでしょう。私は八木幸子の「八」を取って八福人になるわ！」

「八福人」とはもちろん造語。福を届ける七福神にあやかって、「八番目に幸を届ける人」になろうと突然ひらめいたのです。八回目を逃したら、もうチャンスはない！　と思い切って宣言しました。パーソナリティの方もこの名前を気に入ってくださったようで、その時から「滋賀の八福人」と呼んでいただけるようになりました。

私はこういう言葉遊びが大好きです。日ごろの講演では、八木幸子にちなんで「幸」と「元気」を皆様に届けようとがんばっています。八福人はそんな私のモットーにピッタリの言葉。我ながらとても良くできた言葉だと気に入りました。その日のトークも「よし！　八福人になって、皆さんに福を届けよう！」と気合十分。そのためかラジオの反響も上々でした。「八福人」パワーで皆さんにも、福が届きますように……！

ゆばと坊さん

「山の坊さん　何食うて暮らす　ゆばのつけ焼き　定心坊」

これは比叡山麓に残っている童唄です。定心坊《じょうしんぼう》とは大根のお漬物のこと。

山の坊さんは誰かというと、比叡山にこもって修行をしている僧侶たちのことです。

本来、精進とは、自らを律して勤行するという厳しい意味を秘めた言葉です。それが、時代の変遷にともない、にら、にんにく、ねぎ、あさつき、らっきょうの五辛や生臭いものを食べないことが「精進する」ことになっていきました。

今も「ゆばのつけ焼き」と「定心坊」は、比叡山の精進料理では欠かすことのできない品となっています。

比叡山御用達として長年のご縁をいただいていることから、知人のご紹介で天台宗瑞応院のご住職、山田能裕氏とお出会わせていただきました。ご住職のお父上は山田恵諦第二五三世天台座主で、昭和四十九年（一九七四）に七十九歳で座主に就任されました。全世界から集う世界宗教代表者会議（宗教サミット）名誉議長を務めるなど、ヨハネ・パウロ二世らと共に、世界平和にご尽力された高名な方です。

仏門の家に生まれたご住職に、比叡山での僧侶たちの生活を伺いました。

ご住職は小学校五年生の二月に得度され、遊びたいさかりの頃から、夏は山へ修行に登られていました。

当時、山に電気はなく、ランプを灯して先輩僧侶たちと共同生活をしていました。自分たちの食料を背中にしょって登り、また重い荷物をしょって下りる。そういう修行の中で食べ物を大切にする心を体で覚えられました。

ご住職は当時の体験をこう話されます。

「うさぎが食べる葉っぱ、猿が食べる木の実、いのししが食べる根っこは食べられる。だから、お山（比叡山）で食いっぱぐれることはないと先輩から教わりました。では、どの葉っぱがうさぎの食べる葉っぱなのかというと、それは誰も教えてくれない。自分で学べということだったんですね。」

「体で覚える」、「自分で学ぶ」という言葉には、子どもたちに伝えていきたい生きていく術や心を感じます。

比叡山での生活では、耐えなければならない「四つの苦労」があるそうです。

一つ目の苦労は「論」。今で言うディスカッション形式の口頭試問があるそうで、僧侶は試験や面接にそなえて様々な勉強に励まなくてはなりません。二つ目の苦労は「湿」、三つ目の苦労が「寒」です。淀川に沿って大阪湾から吹き上げてくる風、山の裾野には琵琶湖と日本海が広がっています。このような気候に対応していくことが求められるのです。そして四つ目の苦労は「貧」。貧と聞くと貧しさを連想しますが、ご住職は心を説かれます。

「貧とはものを大事にする心です。ほころびた着物を着ていてはいけません。つぎはぎをして、一枚の着物を大事に着る。これが清貧の真髄なのです。」

清貧に耐えながら静かにゆばを口に運ぶ僧侶の姿が浮かびます。苦行の中で僧侶はどのような気持ちでゆばを食べておられたのでしょうか。

山の冬は厳しく、マイナス二十度にまで冷え込む日が一週間続いたことがあったそうです。そんな夜は寝ていても吐く息が凍り、布団が顔にひっつくという厳しさ。その極寒の中で、凍らない食べ物と言えば、水分の少ない梅干と大根の漬物、そして、ゆばといった乾物です。里歌にうたわれていた定心坊とゆばのつけ焼きは、まさに貴重な越冬食だったのです。

ゆばのつけ焼きとは、ゆばに醤油をつけて焼き、山椒をふるだけの素朴な料理です。しかも、素材の味をいかした美味しい一品。その色、味、歯ごたえは肉に似ています。僧侶が食べられない食材に模してゆばをいただくのは、質素なだけではない、豊かな食卓を心で味わうという先人の智恵が働いています。

ご住職は少年のような笑顔で、

「ゆばを油でさっと揚げて塩をかけて食べたら美味しいですね。それをおやつに食べてましたよ」

と、話されます。簡素な食は貧しいのではなく、本来の味を知る修行なのではないかと、清貧の奥義を垣間見た思いでした。

僧侶は修行中心の生活ですので、農作物を栽培したり、豆腐やゆばなどを手許で作ることは許されていませんでした。ご住職ご自身もゆばがどのように作られるのかは、比叡ゆば工場を見学されるまでご存知なかったそうです。

ゆばは、今からおよそ千二百年前、伝教大師（最澄）が仏教やお茶とともに中国から持ち帰ったと伝えられています。伝教大師は寺で作らずに、在家の方にその作り方を教えて地域の産業育成に貢献しようと考えました。

「伝教大師は比叡山を開くにあたり、僧侶を養成していきたいとその著に書いています。川に橋を架け、田を拓き、皆の生活の向上をはかる、そしていただいたものは周りに還元しなさいというのが伝教大師の教えです。それが宗教者として、当たり前の道であると言っています。」

その言葉を裏づけるように、日本で最初の茶畑は、現在の京阪電車、比叡山坂本駅周辺に作られました。お茶は栄西によって民衆に広まりましたが、一方、ゆばは僧侶の間で普及し、また、江戸時代には将軍も食したようでした。

僧侶がゆばを大切にしたのは、その生活に合った食材だったからに違いありません。しかし、清貧の生活では素材の味が生きるゆば料理は、美味しいご馳走だったのでは……と、思いを馳せたりします。「ゆばのつけ焼き」をレシピに収めています。僧侶の気分で味わってみませんか。

大豆と水と心と技

ゆばの原料は大豆と水。いたってシンプルな食材です。それだけに素材と工程を吟味する卓越した目が、作り手に要求されます。

ゆばがどのようにして作られているのか、ご存じでしょうか。高級食材として長年扱われてきた理由も、実はこの工程にあります。

まず、大豆をひと晩水につけてすりつぶします。そのくだいた大豆を湯釜に入れて熱して漉《こ》すと汁（豆乳）と粕（おから）に分かれます。豆のすりつぶし方や豆乳のしぼり加減は、ゆばの風味を左右する大切な作業。経験が生きる技です。

こうしてできた豆乳をゆば釜で九十度ほどに熱します。ゆば釜は縦三メートル、横二メートル弱の大きさです。その釜の中は三十二の升目に仕切られていて、それぞれの升の表面に出来た皮膜を細い竹串ですくいあげると、一枚のゆばの完成です。一枚の大きさは紳士物のハンカチほどで、昔はゆばのことをハンカチとも呼んでいました。

すくいあげる時は、二本の竹串を使います。一本はゆばをすくって乗せるために、もう一本はゆばが内巻きになるのをふせぐために添え串として使います。余分な水分を吸い取ってくれる竹は、自然のものですし、串にはちょうど適した素材だと思います。

すくいあげられたゆばは、竹串に乗せたまま干されます。ゆば釜の湯気がスチームとなり、ハンカチにアイロンをあてるようにしなやかに乾くのです。

その後、ゆばの形状や色、固さによってふさわしい商品に加工されます。力のあるゆばは巻いて使い、力の無いゆばはきざまれます。それぞれのゆばの特徴に合わせて加工されたゆばは、十分に自然乾燥されて商品が出来上がります。

ゆばはいつ頃すくいあげたかによって、色も味も変わります。豆乳が時間とともに変化するためです。

一番最初にとれるゆばは「さくい」と表現され、破れやすいものです。段々にコシのあるゆばができあがり、椀だねなどの細工ものや生ゆばに使います。最後にできるべっ甲色の「甘ゆば」は、大豆の自然の甘みやえぐみといった独特の風味が特徴です。甘ゆばは油で揚げたり、火であぶるだけでも美味しく食べられます。

ゆば屋を営んで思うのは、大豆にはまったく捨てるところがないということです。大豆には無駄がないのです。ゆばを作る過程で豆乳とおからができます。ゆば八では、これらも人との出会いによって、うどんやパン、ぬか床に生まれ変わりました。その感動物語にはのちほど触れたいと思います。

さてゆば作りの醍醐味と言えば、やはり「ゆばのすくいあげ」でしょう。

熟練したゆば職人は、タイミングよく皮膜をすくいあげ、竹串を手際よく動かしながら、薄絹のような美しいゆばを生み出します。少しの気のゆるみで簡単に穴が開くので、破れのないゆばをすくいあげるには、コツが必要です。

そのコツとは「心」です。

職人が一枚、一枚すくいあげてできたゆばには、その人の「心」が表れています。比叡ゆばの身上はキメと風味ともどりの良さ。先代はよく、「心がおだやかでなければ、味にカドが立つ」と言っていました。まろやかで優雅な味わいは、ゆば職人の心の味なのです。

比叡ゆば工場では、多くのお客さまにこの「ゆばのすくいあげ」を体験していただいています。私がお客さまに、「素直な心の方は破れずにきれいなゆばをすくいあげることができますよ」とお話しすると、皆さん、真剣な表情になってすくいあげていらっしゃいます。ゆば職人が驚くようなきれいなゆばをすくいあげる

方もいらっしゃれば、中には、大きな穴を開けてしまう方も。ゆばの薄さや表情は十人十色です。体験した方は一同に繊細なゆばの魅力と、お箸でゆば釜からすくって食べる汲み上げゆばの美味しさに感動されます。

毎日美味しい豆乳とゆばを作ることは、熟練の職人でも一瞬たりとも気が抜けないと申します。やはり、一枚、一枚にその「心」が表れるからです。ゆば工場内は湯気のため夏は四十度以上に温度が上がり、冬は底冷えがします。その中で、「美味しい！」と食べてくださるお客さまのお顔を思いながら、毎日自分の心に向き合う職人の姿は、お山の修行に少し通じるものがあるかもしれません。ゆば作りは、「心みがき」なのです。

工場本社が建設された時、工場内にクラシック音楽を流すことに決めました。それも、職人がクラシック音楽を聞いて心をおだやかにすることで、ゆばに一層まろやかな風味が出るのではと思い立ったからです。

ゆばは職人の心の映し鏡。作り手の心と技が、比叡ゆばの伝統となって受け継がれています。

ゆばは健康食

大塚：創業六十五周年だそうですね。おめでとうございます。

八木：ありがとうございます。今年は「比叡とろゆば」という新商品や、「比叡ゆばのお吸い物」という化学調味料不使用の即席商品にも挑戦しています。

大塚：それは良いですね。ゆばは体に良い食材ですから、もっと日常の食卓に使われていいと思いますよ。

八木：そうなんです。ゆばは、「健康食」「美容食」「頭脳食」だと伺っています。修行僧たちも「滋養食」としてゆばを大事に食べていらっしゃいました。

大塚：ゆばの栄養分は、主にたんぱく質と油脂です。ゆばの原料である大豆は、「畑の肉」と言われるほど、良質なたんぱく質を含んでいるんですね。たんぱく質は、人の成長には必要不可欠とされる大事な栄養素です。特に脳の成長には必要不可欠。だから、赤ちゃんはたんぱく質が不足すると、大変なことになります。修行僧が、肉や魚の代わりにゆばを食べていたというのは、まさに先人の智恵ですね。貴重なたんぱく源だったわけです。ゆばのたんぱく質は、必須アミノ酸のバランスがとても良いことはご存知ですか？

八木：いいえ。必須アミノ酸とは何ですか？

大塚：たんぱく質を構成している主成分がアミノ酸です。20種類あるアミノ酸の中でも、体内で作られない8種類（幼児期には9種類）のアミノ酸は「必須ア

大塚　滋（おおつか・しげる）
大阪大学理学部卒業。理学博士。元武庫川女子大学教授。著書に『たべもの文明考』『味の文化史』（朝日新聞社刊）『食の文化史』（中公新書）『パンと麺と日本人』（集英社刊）など多数。

ミノ酸」といって、食べることによって体内に摂り入れる必要があります。

八木：アミノ酸には、どういう働きがあるのですか？

大塚：アミノ酸は今サプリメントとしても注目されていますね。アミノ酸は健康の維持に必要で、また疲労の軽減や運動能力の維持、免疫力アップ、ダイエット効果などさまざまな働きがあるんですよ。

八木：つまり、体を元気にする働きがあるんですね。

大塚：はい。それだけでなく、たとえば、リジンは育ちざかりの子どもに大切な成分です。フェニルアラニンという必須アミノ酸は記憶力や注意力を増強する働きがありますし、ヒスチジンは、貧血改善に良いとされています。

八木：では、女性にも良いですね？

大塚：もちろんです。ゆばの原料は大豆です。大豆はビタミンB群やE群を多く含んでいるので、美容にとても良い食材です。大豆イソフラボンは、女性ホルモンに似た働きを持つので、ホルモンバランスを整えて、更年期障害や乳がんといった女性特有の病気の予防に役立つといわれています。女性に多い骨粗しょう症も、予防すると考えられます。

八木：自社調べによると、比叡ゆばの「おつくりゆば」は100g中63・6mgの大豆イソフラボンを含んでいるという結果でした。おつくりゆばは一枚あたりが50g強ですから、1枚分に相当するイソフラボンは、32mg程度のようです。

大塚：1日に40mg摂取すると良いといわれていますから、おつくりゆばなら、1枚ちょっとを食べると良い計算になりますね。ゆばが良いのは女性に限りません。たとえば、コレステロールはゼロで、大豆の脂質には、コレステロールを下げる効果があるんです。動脈硬化や癌の予防に良いのです。ゆばは案外、脂質が多いですね。

八木：なるほど。ゆばを触ると分かりますね。しっとりとしていて、半乾燥ゆばでも、かさかさではなく油分を感じます。食べすぎると太るとか？

大塚：普通の食べ方なら心配ないでしょう。脂質といっても、牛や豚の脂肪とは違います。脂質は人の体に欠かせない成分。中でも大豆の脂質は良質です。ゆばの脂肪はリノール酸やオレイン酸といった不飽和脂肪酸をたくさん含んでおり、体に良い脂質です。不飽和脂肪酸は血液中の老廃物を取りのぞき、血管をつねに新しい状態に保ってくれる働きがあります。また、血中コレステロールを減らしてくれるので、動脈硬化を予防する効果があって、成人病の予防にも良いとされているんですよ。

八木：乾燥ゆば（徳用ゆば）は100g中、たんぱく質が50・2g、脂質は35・7g。生ゆば（おつくりゆば）の場合は、たんぱく質が15・5g、脂質は10・3gでした。

大塚：やはり、良質の脂質が多いですね。比叡ゆばの栄養分析を進めていくことは大切です。これからのゆば創りに活かすことができるかもしれませんよ。

八木：食品成分表によると、ゆばは鉄分も多く豆乳の３倍に当たるようです。（五訂食品成分表：豆乳1.2ｍｇ、生ゆば3.6ｍｇ）

大塚：鉄分は不足すると疲れ易くなったり、忘れっぽくなったりします。貧血気味、疲れ易い方は是非、ゆばを食べられると良いのではないでしょうか。

八木：ゆばと一緒に食べると良い食材はありますか？

大塚：そうですね、たんぱく質は豆乳の４倍以上（五訂食品成分表では豆乳3.6ｇ、比叡おつくりゆば15・５ｇ）にあたるほど豊富だけれど、ビタミンＣなどが少ないので、野菜を一緒に摂るのが良いでしょう。

大豆は健康食として世界で認められてきています。大豆レシチンやサポニンといった新しい大豆成分も注目を浴びています。大豆レシチンには、記憶力や集中力を高め、ボケを予防する効果が期待されますし、大豆サポニンには、生活習慣病や老化の原因となる活性酸素を抑える効果や脂肪の代謝を促す効果もあります。八木さんがゆばは、「健康食」「美容食」「頭脳食」とおっしゃったのは、そのとおりなんです。

八木：ありがとうございます。バランスの良い食材の組み合わせで、美味しくゆばを料理していただきたいですね。

懐石ゆばとゆばのつけ焼き

ゆば八には、「懐石ゆば」という細工ゆばがあります。レシピの中では「すまし汁」に使われているゆばです。

すまし汁の作り方はいたって簡単です。懐石ゆばを椀ものに入れて、熱い吸地をゆっくりそそぐだけ。水分を含んで、半透明になったゆばの向こうに、ピンクと萌黄の玉麩が透けて見えます。

この趣のある可愛いゆばは、先代が考えついたものです。京都生まれの先代が祇園で呑んだ帰り、赤く灯った信号を見て思いついたとか。丸く光る信号の赤や緑。それがゆばに包まれた玉麩になったというわけです。信号の黄色は、しいて言えば、ゆばの色でしょうか。昆布で結び、玉麩の色を変えると、慶事や弔辞にも使っていただける、そうしてピンクと白、萌黄と白の玉麩を包んだ三種の懐石ゆばが作られました。先代の会心の作です。

他にも先代が考え出した新商品は数知れず。私が「ゆばの革命児」と名づけるほど、独創的な発想で新商材の開発に情熱を傾けていました。開発だけではなく、営業、製造にいたるまで、マルチに活躍できる類まれなアイデアマンで、現在二百種類を超える商品があるのも、先代が築いた基盤があるからこそです。

今から三十数年前、まだゆばが高級で珍味な食材として考えられていた当時から、惣菜としてのゆばに着目し、瓶詰め商品を開発しました。「ゆばを瓶詰めなどにしても……」という冷ややかな視線もあったようですが、今や、ゆばちりめん、ゆばなめたけ、生ゆば茶漬などの佃煮商品として、幅広い層の方々に愛される商品に見事に育ちました。

佃煮は、アツアツの白いご飯の上に乗せるだけで美味しくいただける、薄い味つけに調えられました。また、和え物や寿司飯、炊き込みご飯に混ぜ合わせるだけで、奥行きのある味わいに仕上がる便利さです。こうした味は、ゆばを作っている女性たちの意見を取り入れて、開発されました。

自分たちの作ったゆばが加工され、「私が食べたい味、使いたい食材」に実用化されていく過程は、好奇心がそそられる仕事のようで、前向きで貴重な意見が数多く出ます。

こうして佃煮は、先代の先見の明と従業員たちの意気込みがあいまって、ゆば八の定番商品の一つにまで育ちました。

先代は、みずからのアイデアを駆使して、日本一のゆば屋をめざし、東奔西走していた仕事一筋の人でした。趣味と言えば、和歌を詠むこと。十秒ほどで一首できる早詠みの人で、仕事や家族、その日にあった出来事を歌に詠んでいました。

なに事も　新しき事　創るには　百に一つの　確率あるかな

先代は、ゆばの研究や商売について仲間と議論し、学びの精神を忘れることはありませんでした。それも新しいことに挑み続け、成功する難しさを身にしみて感じていたからでしょう。苦しくもあり、楽しくもある、事業への意気込みが歌に秘められていると感じます。

こうした和歌を詠むことも、仕事をするうえでは役に立っていたようです。新商品を開発するときは、美しい花を美しいと思う、「ときめき」や「ひらめき」の感性、夢と遊び心が大切だと思います。

先代が口癖のように言っていたのは、「古きを生かし、新しきを活かす」。私自身、二十一世紀は、調和・共生といった目に見えないものや「心」がますます大切になっていく時代と考えています。ですから、先代の言葉に「心」を足して、「古きを生かし、新しきを活かす、心づくり」と言っています。

先代が築いた文化は社の大切な精神として受け継がれていくでしょう。その精神に、私なりの個性を重ねていく、経営者それぞれが個性を活かして、心を重ねて二人三脚で経営していけば良いのではないかと思います。

私は先代の一周忌に新しい社是を作りました。先にお話しした温故知新に加えて、創意工夫~生きがい・やりがいを感じる職場づくり、共存共栄~お客さまの喜びを目標とする商品づくりを標榜しました。心ができ、職場ができて、商品ができる。そうした流れをイメージしたのです。

たとえば、「ゆばチップス」という商品。これは、甘ゆばを焼いたもので、油で揚げていませんから、とてもヘルシー。もどさずに、そのままトッピングやフライの衣に使えます。実は、私がすぐに食べられるゆばはないだろうか？　と、従業員に投げかけた言葉から開発された商品なのです。あるいは、絵や文字を焼き入れた「絵文字ゆば」は、焼き入れが、巻いたゆばを止める役割をしているので昆布で巻く必要がありません。さらに、焼き入れる絵や文字を特注できるという、カスタマイズゆばなのです。

一つひとつの商品には、情熱と夢、お客さまに喜んでいただきたいという想いが込められています。これらの品々は、ゆばの持つ従来のイメージを打破し、新しいゆばの世界を広げていく品と自負しています。先代が歌で詠んだように、ヒット商品を生むのは難しいかもしれません。しかし、これからも、ゆばの常識を塗り替え続ける「ゆば八」でありたいと心から願っております。

ゆばとお酒の美味しい関係

結構、お酒が好きな私。酒は百薬の長。経営者として走り回る日々も、たまには友人と日本酒を酌み交わしながら、仕事のこと、人生のこと、大切な従業員や家族のことを話して、楽しい時間を過ごします。ゆばは片時も頭から離れることはなく、お酒の席ではつい、「日本酒にはゆばが合うのよ。皆にも是非、試してもらいたいわ！」とゆばを話題にしてしまい、あきれられる始末。でも、日本酒とゆばが合うというのは本当の話で、つけ焼きゆばやゆばちりめんなど、佃煮として味付けされたゆばは、お酒のあてにピッタリなのです。味だけではなく、ゆばとお酒は「お酒にはないアミノ酸がゆばにあり、ゆばにはないアミノ酸がお酒にある」と言われるくらい、体に良い取り合わせです。

友人にお酒とゆばを食べてほしいと思っていたら、ふと、あるシーンが頭に浮かびました……。

あるご家庭の晩御飯。日本酒の好きなお父さんが、お銚子を傾けながら、ゆばに舌鼓を打っています。その横には今日の出来事を一生懸命、話しているお母さんの姿。ゆったりとした時間が流れる晩酌風景です。

ありふれた光景のようですが、実はお酒のあてを作るのに、忙しいお母さんが多いのです。ところが、調理されているゆばがあれば、お皿に盛るだけで食卓に出せます。手間いらずな食材は、お母さん達にもきっと喜んでいただけるはずだと思いました。

お酒とゆばのコラボレーションは人を幸せにする、さらに「米という字を分解すると八と木になる。米は八木にご縁がある！　それなら、この光景を実現させよう」と思いたったのです。それに、古来より僧侶の間で、お酒は「般若湯《はんにゃとう》」と言って親しまれていましたから、僧侶の貴重なたんぱく源だったゆばとも相性が良いはずです。

異業種の企業と組んで一つの商品を開発する醍醐味は、市場の広がり、ビジネスチャンスの創造にあります。私は是非とも、比叡ゆばと日本酒という、初めてのコラボレーションを実現させて、日本酒の好きな方々にゆばの魅力を伝えたいと思いました。

日本酒といっても全国津々浦々、多種多様の酒があります。同じ組むなら、お世話になっている地元・滋賀の地酒と組み合わせたいと考えました。そこで、滋賀の造り酒屋を当たることにしました。

滋賀は、自然に恵まれた米どころとして有名です。近江の酒はまろやかで飲みやすく、ファンを全国にかかえる造り酒屋でにぎわっている地域です。ところが、思いのたけをお話ししても、なかなかコラボレーションができそうなお相手に巡り会いません。粘り強く動いていると、ある日、私のアイデアに乗ってくださる造り酒屋さんにとうとうお出会いすることができました。美冨久《みふく》酒造という老舗の造り酒屋さんです。

美冨久酒造さんは、原料である米の美味しさをお酒に出そうと心を尽くしていらっしゃる、滋賀ではよく知られた地酒屋さんです。

社長の藤居宗治氏に、ゆばに対する私の熱い想いを伝えていると、こだわりをもった「ものづくり」同士、すぐに意気投合することができました。

美冨久酒造さんは、大正六年の創業。昔から伝わる山廃仕込みという難しい製法にこだわり、さらに、その製法を伝承していこうと考えておられます。藤居氏の、自然に誠意を尽くして伝統性を重んじた作り方と精神に共感しました。

一方、私も大豆という自然のめぐみに感謝をしながら、ゆばという伝統食材を作り続けています。お互い、米と豆という穀物から作っている共通点もあって話が合い、コラボレーションの話が現実となりました。

美冨久酒造さんのパンフレットには、「まごころづくり」と書かれています。まごころとは、美冨久酒造さんの酒造りに賭ける想いです。まさに心を大切にしている心意気。それにならって、コラボレーションで生まれたゆばの佃煮と地酒のセットは「まごころセット」と命名されました。ゆばとお酒の美味しい組み合わせが、あたたかい名前を持って誕生したのです

藤居氏は、ゆばをあてに晩酌を楽しまれているそうで、「ちょっとしたあてに、

ゆばは最高ですよ。」と、うれしいことをおっしゃってくださいます。ゆばはどちらかというと、女性に人気が高いのですが、藤居氏のように、五十代の男性にもご好評いただけることは、私たちも本当に励みになります。

ところで、ゆばに合うお酒と言えば、日本酒が一番に浮かびます。あるいは、焼酎やワインも合うでしょう。煮炊き物やお造りでいただくゆばは、お酒の味を格別なものに引き立たせてくれるように思います。口に広がる王道の味わい。

また、ゆばは油でパリパリに揚げたり、肉や魚と合わせて洋風にアレンジすることができます。オリーブオイルをたらして、チーズのような風合いを味わうときは、ワインが合います。気分に合わせて、ゆばを自由に料理していただいて、その時々にマッチしたお酒を楽しんでいただければと思います。

たとえば、ゆばカクテル。おつまみとしてのゆばじゃなく、ゆばが主役のアルコールです。豆乳をたっぷり含んだぷるぷるのとろゆばに、リキュールと果汁をかけて、細かくくだいた氷で割って飲む……。フローズン比叡とろカクテルといった、ちょっと甘めの大人の味はいかがでしょう?

もっとも、想像の中のお話ですが、ゆばとお酒に興じる夜も楽しいものだと思います。

凝縮豆乳とおからから新しい食べものができた

先日、とてもうれしいことがありました。

ゆば八の「豆乳おからうどん」が、平成十六年度優良ふるさと食品中央コンクールで、農林水産省総合食料局長賞をいただいたのです。授賞式が東京であり、参加してきました。壇上に上ったのは、いつも豆乳おからうどんを作っている障害者の女性。豆乳おからうどんは、水を一滴も使わずに、ゆばを作る過程でできた凝縮豆乳とおからをうどんに混ぜて創った食品なのです。作っているのは、障害を持つ方々が勤めておられる福祉作業所です。この表彰式では、福祉作業所から代表としてその女性が参加され、壇上に上がりました。場内の拍手を受けた彼女は、照れくさそうな笑みを浮かべながら、同行の福祉作業所の方とともにとても喜んでいらっしゃいました。

後日、彼女からこの日の出来事について、お礼の手紙が届きました。文面には、こんなに素晴らしい体験ができたことへの、感謝の気持ちが綴られていました。

その手紙は私の宝物。良い仕事ができて良かったと、私も感謝の気持ちで胸が熱くなりました。

豆乳おからうどんは、もっちりした食感で、味もまろやかです。一度食べるとやみつきになるらしく、「赤ちゃんが他のうどんを食べなくなった」と言って、苦笑されているお母さんに出会ったことがあります。当のお母さんは大変だと思うのですが、ありがたいお話でした。

大豆には、本当に無駄がないと実感します。おからも豆乳も、ゆばを作る過程でできる副産物です。なんとか生かす手はないだろうかと考えていたときに、福祉作業所の方と出会い、創意工夫で新しいうどんができました。担当者の方が四国まで、本場さぬきうどんの修業に行かれて、特許出願をした自信作です。レシピも掲載していますので、愛のこもったうどんを、お試しいただければ幸いです。

凝縮豆乳とおからのコンビは、ほかにも「豆乳おからパン」という新しい食材を生んでいます。ご縁と智恵が、まったく新しい商品を生むものだと強く思います。それだけに、これからもご縁は大切にしていきたいと思います。

ある日、滋賀県の産業支援プラザが開催した経営の勉強会で、若い経営者と席が隣り合わせになりました。何やら、難しそうな顔をしてうつむいていたので、何をそんなに悩んでいるのかと問うと、どうやら会社のことで頭が一杯の様子でした。

その青年は、丸栄製パンというパン屋さんの取締役を務めていらっしゃる辻井

孝裕氏でした。当時、二十八歳でした。思わず私は、

「パン屋さんなんだから、みんなが笑顔で食べるような、幸せを運ぶ新しいパンを考えたらどうなの?」

と、励ましたところ、発想の転換ができたのか、肩の力が抜けたらしく、明るい表情で帰って行きました。翌日、産業支援プラザの方の勧めもあったそうで、突然に私のところへやって来て、「何か作れないだろうか?」と尋ねられました。そこで、豆乳おからうどんのことを紹介し、豆乳パンやおからパンはあるかもしれないけれど、豆乳おからパンはないんじゃない? と話しました。

一週間後、彼は試作のパンを持って現れました。不満そうな顔をして……。聞くと、パンが膨らまなかったと言うのです。

せっかく試作してくださったパンですから、ひと口食べてみました。噛みごたえのある、新しい味のパンでした。

「美味しいじゃない! ほどよい甘みがあって、もちもちして。次は、クロワッサンが好きな私のために、デニッシュ生地のパンも作ってみてよ!」

と、喜びを伝えました。パン屋さんが思うパンの膨らみについては、気になりませんでした。大切なのは、パンの新しい味わいなのです。

その後も辻井氏は改良を重ね、とうとう新食感のパンができました。パンに含まれた凝縮豆乳が持つ栄養成分、レシチンの効果で、生地がやわらかくなったよ

うでした。中でも人気は豆乳ナッツローフという、シナモンロールのデニッシュ生地の山パンです。焼くとシナモンが香って、サクサク感が心地よいとても美味しいパンです。ほかにも、三色きざみゆばを乗せたデニッシュ生地の山パンや、栄養を考えて、ひじきが入ったおかずパンが創られました。実は、一人当たりのパンの消費量が日本一多い市町村は、滋賀県大津市なのです。驚きました。都道府県では、京都府のようです。

豆乳おからパンは美味しいと好評で、即日完売の人気ぶりです。全国の百貨店の催事でも大変評判が良く、辻井氏は非常に多忙な毎日を送っておられるようです。ありがたいことです。

ゆば八では、滋賀県産の大豆が多く使われています。大津とパン工場のある長浜は、生産と消費を同じ県内でおこなっており、「地産地消」につながります。

もっと地元の食材、旬の食材の良さを見直していくべきだと思っています。これからも無駄なく、智恵を生かして、新食材の創造に挑戦していきたいところです。

ゆば工場感動体験ツアー

小学生たちがこぎれいなレストランに集まり、シェフを囲んでいる。シェフはじゃがいもを手に持ち、子どもたちに向かって語りかけている。以前、テレビで見た海外の授業風景です。その日のテーマは「じゃがいも」。生の野菜をかじりながら味を確かめ、食材への関心を深めていく。

日本にもそんな授業があって良いのではないでしょうか。

今、若者に人気なのは、ハンバーガーやピザといった西欧料理のようです。手軽で美味しいのですが、日本の味も忘れてほしくありません。日本の伝統食材にたずさわっている者の使命として、ゆばを通してわが国の食文化を後世に伝えていきたいと思うのです。

大津市制百周年の年に始まったゆば工場見学体験ツアーは、そうした使命の一端を果たしているとも言えます。訪れるのは十代から高齢の方々、外国の方々まで様々。何度も訪れてくださるお客さまもいて、ゆばファンにお出会いする貴重な場になっています。

大津の本社に工場ができた当初、工場は職人がゆばを作るところと考えていました。見学などは思いもよらなかったのです。ところが、私たちの予想を反して、ゆばの製造工程に興味を持たれる方が意外に多く、知人にも工場を見学してもらうと、自分の目前でゆばがすくいあげられるのを見て、「自分もゆばをすくってみたい」と言い出したのです。同様の声は他にもいただきました。ご希望にお応えしてゆばのすくいあげをいざやっていただくと、これがなかなか難しくて、やっぱり職人さんはすごいのだなと感心されます。一つの食材を作るにも経験、技、心が作用していることを体感され、皆さんの目が輝きだす。「こんなに楽しんでいただけるのなら、体験の場として工場を公開してもいいんじゃないか」と思い、本格的に見学ツアーが始まりました。以来、観光バスで訪れる方々もいらっしゃれば、東京から修学旅行で訪れたり、地元の中学生たちが授業の一貫で訪れるようになりました。

ツアーの中身をご紹介すると、まず、ゆばについての蘊蓄《うんちく》を聞いていただきます。次に職人さんと同じ白いキャップをかぶって手を洗っていただき、湯気のたちこもるゆば工場へ。出来立て豆乳の試飲やゆばのすくいあげを体験していただいて、大きなゆば釜からお箸で小鉢にすくいあげた、くみあげゆばを生姜醤油で召し上がっていただきます。くみあげゆばを口に入れたとたん歓喜の声、声、声。皆さんがうれしそうにゆばをほおばる姿は、私たちのエネルギー源です。

中学生ツアーの場合、締めくくりはたいてい質問タイムになります。ゆばの作り方や原料、歴史など、なかなか鋭い質問を受けることもあって感心します。彼らの質問に答えたら、次は私がいつもの質問をする番です。

「皆さんの夢は何ですか？　教えてくれる？」

突然に夢を聞かれて戸惑いを見せる子供たち。

私が子どもの頃には夢がありました。絵を描きたいという夢です。敢えなく叶いませんでしたが、娘がロンドンの美術学校で、デザインの勉強をして私の代わりに夢を叶えてくれています。もう一つの夢、商売をしている男性と結婚して、夫と一緒に商いに挑戦するという夢は実現できました。

夢は生きる原動力。夢を持つことは人生を選択すること、学ぶことです。私は夢のない子供たちに、夢のパワーについて切々と語ります。でも子供たちの顔は不安気なまま。どうやら夢なんて叶いっこないと思っているようです。中学三年の男子生徒がこんなことを言いました。

「将来は機械製作の仕事をしたい。そのためにはC高校に行かないと。でも成績が悪いし、きっとその高校には受からないと思うんです。」

自信なさげな中学生を励ますために言いました。

「君の夢は機械を造る仕事に就くことでしょ。それはすごい夢よ。発明賞をいただけるかも知れない。今からでも遅くないよ。一生懸命に必死に勉強すれば、きっと合格すると思う。合格できたら、報告にいらっしゃい！」

年の瀬も押し迫った頃で、受験まで残りわずかしかありませんでした。しかし、彼は私の言葉に勇気を得たようで、希望校に必ず合格することを約束して帰って行きました。

月日が経ち数ヵ月後、ひょっこり彼は私の前に現れました、笑顔で。

「社長！　合格しました。どうしてもお礼が言いたくて。ありがとうございました。」

その言葉を聞いて、本当に自分のことのように喜びました。

お礼に来た彼の顔は、晴れ晴れとして自信と喜びにあふれていました。彼はこの数ヵ月で学んだことを、きっと次世代に伝えてくれるでしょう。「その気になれば、不可能はない」ということを。

ゆば工場見学体験ツアーは、私にとって感動の場です。工場はゆばを作るだけではありません。出会いの場、自分に向き合う場。それを教えてくれた彼に、訪れてくださる皆様に、感謝する毎日です。

スーパーシェフのゆば料理

比叡ゆばを使った一皿で、アメリカ人の舌をうならせているシェフがいらっしゃいます。その名は、松久信幸氏——。松久氏のレストラン「Nobu New York」は、ロバート・デ・ニーロが四年越しでビジネス・パートナーになって実現させた有名店です。松久氏が作る斬新な料理と、とても素敵な笑顔に魅せられたファンは世界中に多数。レストランにはジョルジオ・アルマーニ、マドンナ、レオナルド・ディカプリオも訪れるとか……。

松久氏は寿司職人の修行を経てペルー、アルゼンチン、アラスカでレストランを経験され、一九八七年、ビバリーヒルズに現在の原点となる「Matsuhisa」を開店されました。現在、世界に十二のレストランを構えていらっしゃいます。日本では東京・南青山にある「NOBU TOKYO」。私も何度もうかがっており、大好きなレストランです。

松久氏の料理は、日本料理の技とパッションが掛け合わさって、独創的な光を放っています。『nobu THE cookbook』（講談社インターナショナル刊）の中でマーサ・スチュアート女史が「ノブの料理を口にすれば、訓練の積み重ね、思考の積み重ね、伝統の積み重ねによる、格別な料理を味わっていると気づく」と語っています。松久氏に、ゆばはピッタリの食材でしょう。

その本に紹介されている比叡ゆば料理は二種。「チリアンシーバスの香草ミックスグリル揚げ湯葉添え」と「湯葉ミルフィーユ」です。いずれも比叡ゆばを素揚げして、その食感も楽しめるように作られています。

松久氏はゆばの魅力についてこう語ります。

「ゆばの魅力は食材の面白さと食感です。ゆばを揚げるとパリパリになりますよね。シーバスは脂っけのある、歯ごたえのやわらかい魚なんです。揚げたゆばと一緒に食べることで、二つの食感を楽しんでもらおうと考えた料理です。

海外にはゆばを知らない方も大勢いらっしゃいますから、ゆばは料理人にとって面白い食材です。新しい食材は世界も注目しているのです。ゆばを口にしたお客さんはこれは何だろう？　と思われるでしょう。すると僕は、ゆばってこういう食材なんだよと、お客さんとの話を盛り上げることができるのです。

ゆばは日本の伝統的な食材の一つ。誇りを持って紹介できたらいいなと思いますよ。」

こんな松久氏に、比叡ゆばを料理していただいているなんて！　考えるだけで胸が高鳴ります。

そもそも、松久氏と比叡ゆばの出会いは、彼が愛してやまない日本酒「北雪」に始まります。友人の矢沢永吉さんが「一緒に飲もうよ」と一升瓶を持って松久氏を訪ねてきました。飲んでみて、そのお酒の美味しさに驚いた松久氏は、「この日本酒を自分の料理に合わせてみたい」と思い、店に置くために東奔西走されました。その日以来、北雪さんとの長いおつき合いが続いているそうです。そして、ゆばに注目していた松久氏は、北雪さんのご紹介で、比叡ゆばを仕入れることになりました。ご縁に感謝ですね。松久氏が比叡ゆばを使ってくださっているとうかがったときは驚きましたが、とても光栄に思ったことを覚えています。

松久氏がゆばに注目された裏には、アメリカ人のヘルシー志向があります。いえ、アメリカだけではありません。今や世界中が健康食を求めています。中でも大豆の栄養価は高い評価を得ており、特にアメリカ西海岸ではヘルシー志向が強く、大豆製品の豆腐や日本食は人気を博しているそうです。

余談ですが、松久氏のレストランでは、冷奴より揚げ出し豆腐に人気があるそうです。冷奴のようなやわらかいだけの食感より、歯ごたえと柔らかさの両方の食感を楽しめる揚げ出し豆腐が好まれるのだとか。味覚も食感も文化によって違うようです。

松久氏は料理を一つのファッションと定義づけていらっしゃいます。

時代によって料理は変わっていくけれど、連綿とした日本古来のものが息づいているし、時代の新しい要素も付加されていく。「生ゆばを料理するなら、僕なりにクリエイトしたソースでアレンジを加えていきたい。これは僕の課題だね。」

温故知新を旨とする松久氏の挑戦に終わりはなさそうです。

さて、松久氏に簡単に作れる美味しいゆば料理をうかがってみました。

「簡単なゆば料理ですか……。僕だったら、炊き込みご飯に入れたり、ゆばのしゃぶしゃぶや鍋に使っても絶対にうまいですよね。それに、お刺身とゆばのコンビネーションも良いですね。本の中で雲丹の天ぷらを紹介していますが、生ゆばを使うと美味しいと思いますよ。生ゆばとしその葉か木の芽で雲丹を巻いて、天ぷらにするというのはどうでしょう?」

「雲丹と生ゆばですか?」

「美味しいと思いますよ。天ぷらを揚げるコツはご存知ですか? 水も卵も使わずに、あるものを使うんです。何だと思います? 冷蔵庫にあるものですよ。」

「……。」

「ビールですよ。天ぷら粉をボールに入れて、泡の出ているビールで溶くと、口当たりの良いサクサクした天ぷらができるんですよ。雲丹がなければ、白身魚や野菜でも美味しいですし、簡単でしょ?」

ビールを使ったゆば巻き天ぷら。さっそく、今夜のおかずにいかがですか?

ゆばは世界へ

「ゆばを日常の食材に。」そう思うようになったきっかけは、先代の言葉でした。

「一億二千万が総人口なら、一億の人たちに一年間に一回、椀だねを食べていただけると、億の商いができる。」

亡き先代の跡を継いだ私は、この言葉に光明を見い出す思いでした。

一億とは、国民の相当数を占める膨大な数字です。当時から出会う方すべてはお客さまと心がけて、ゆばファンを広げる活動に全力を注いでまいりました。

一方、国外に目を向けてみると、一億は果てしない数字とは言えません。「国内ばかりを見ていたけれど、ゆばのお客さまは世界中にいる」と気づいたとき、日本を飛び出してゆばの料理講習会を海外でやろうと思い立ったのです。

海外の中でも目指すはパリ。フランス料理はエレガントで、盛り付け、作法、一皿の完成度の高さにおいて、懐石料理と共通する美意識を感じます。すでに日本のフランス料理店では、ゆばを使った料理講習会を何度も開催していましたが、本場フランスでゆばが使われているとは聞いたこともありませんでした。是非、フランスのシェフにゆば料理をこしらえていただきたいと思い、当時お世話になっていた業界紙の方に企画を持ちかけたのです。

皆さんの中には、「ゆば料理をパリで?」と、私の無鉄砲さに驚かれる方もい

らっしゃるかもしれません。私は何もやらない前からあきらめることはありません。〝念ずれば夢叶う〟が私のモットーです。必要だから思い立ち、思い立ったらすぐ行動に移す。あきらめないのは、夢はいつか、一番良いタイミングで実現すると知っているからかもしれません。

　業界紙の方の話によると、「パリは無理だけれど、バリなら行けますよ。」との回答で、ちょっと残念な気もしました。でも「いつか点々を丸に替えたらいいか……」とバリでのふれあいクッキングツアーを決行することになったのです。今回はバリに行く、でもいつかはパリへ、そう願いました。

　メンバーは私の友人を中心に十数名。観光を楽しみ、夜はホテルのシェフが作ってくださったゆば入りナシゴレンをはじめ、ご当地の料理をたくさん楽しみました。ツアーメンバーに好評を博し、その二年半後に韓国へ向かいました。再び十数名で訪れた海外。今度は本場の焼肉をチシャで包む代わりに、ゆばで包んでいただきました。思いつきそうで思いつかない食べ方。海外ではこうした意外性のある組み合わせにたびたび出くわします。

　さて、バリと韓国にゆばを持って行きました。が、私の夢はまだ実現していません。フランスでシェフにゆば料理を作っていただく夢です。

　そうして迎えた二〇〇二年、世界中から滋賀県人が集う「滋賀県人会世界大会」が、なんとパリで開催されることになりました。チャンスがめぐってきたのです。と、同時に天は私に試練もくださったのでした。

すっかり浮かれていた私は、県人会の了解を得て、ゆばをパリへ上陸させる手続きに入りました。いよいよ夢が実現する。しかし、フランス側からストップがかかったのです。

「ゆばとは何ですか?」と問われ、「豆乳からできた膜」と答えると、持ち込んではいけないと言われたのです。農業国であるフランスは、食品輸入の検査に厳しく、ゆばを見たことも触ったこともない外国人に、ゆばの説明をすることになりました。「ゆばとは豆乳からできた膜を乾燥させたもの」と解説しても通じません。航空便もダメなら船便もダメ。想像以上の厳しさに頓挫するのではと、心が揺らぎました。長期間の交渉の末、周囲のご理解とお力添えのおかげで、ようやく自分達で持ち込むことを条件に、了解を得られたのでした。ゆばを持ってパリに降り立ったときの感動は、今でも忘れられません。

ゆばをやっと持ち込んだと思ったら、今度は晩餐会のためにゆば料理を作っていただけるよう、シェフを説得することになりました。次から次と難題続きで、シェフに会えたのはその日のお昼過ぎ。もう時間はありません。フランス語も英語も話せない私は、通訳の方と日本から持って行ったパンフレットを片手に、体当たりで懇願しました。ゆばについて、皆さんに食べていただくためにゆばを持ってきたこと、そして、ゆばに賭ける私の夢……。すると、

「このパンフレットの通りに作ってほしいのか？　それとも任せるのか？」

とシェフが問うてきて、私は迷わず答えました。

「すべて、お任せします。あなたの素晴らしい感性で、フランス流にデザインされたゆば料理を創って、お客さまを感動させてほしいのです。」

シェフはにっこり笑い、料理にとりかかりました。初めてお会いしたシェフが、時間のない中、ゆば料理に腕をふるってくれる。目の前の光景に感動して、思わず熱いものが込み上げてきました。私の異変に気づいたシェフは、やさしく手を差し伸べてくれました。私はその手を握り、何度も「ありがとう」と繰り返していました。

その夜、十三品ものゆば料理が晩餐会に出され、大好評でした。多くの方のおかげで、八年前に想念した夢を叶えていただくことができました。それは、ゆばが私に与えてくれた、一生忘れ得ぬ瞬間でした。

翌二〇〇三年、ロンドンで開かれた「寿司コンペティション」で英国オリジナル寿司の準グランプリを、「レインボー囲み寿司」（バリー・パルマー氏）が受賞しました。軍艦巻きに三色きざみゆばを飾りつけた寿司で、ヘルシーさと平和を象徴する虹に、三色きざみゆばをたとえた力作と評価されました。

日本の伝統食材だからこそ、世界の食材へ。また一歩、夢に近づいたような気持ちです。ありがたいことです。

比叡ゆば縁起

ここに、ひと組のお皿があります。中央に、藍で描かれた海老の踊る白い皿。比叡ゆば本舗ゆば八に伝わる家宝の皿です。

由縁は、先代の曾祖母にあたる大谷勝子という女性でした。皇室アルバム集によると、皇居が炎上し、孝明天皇がご避難あそばれた先で、当時お仕えしていた大谷勝子の指図によってゆばが作られ、たいそうお喜びいただいたということです。その時に使われたお皿がこの海老皿で、寛政十一年と記された勅書の原稿と言われる書とともに、大切に保管されています。

八木家に嫁ぎ、創業者八木光男と家族みなでゆば八を盛り立ててきた富栄の祖母にあたる人が、大谷勝子です。このお話を知ったとき、ご縁とは不思議なものだと思わざるをえませんでした。ゆば屋を始める以前から、ゆばと縁があった、いえ、縁があったからこそ、導かれるようにゆば屋を営んだにちがいないと思うのです。すべては必然であったのだと感じます。

ゆばとの縁を深く感じる話はこれだけではありません。天明八年正月、京都の大火の折り、光格天皇のご避難場所について詮議された際、祖先にあたる天台僧出世大先達妙行院大僧都尭海が上奏した仮皇居で、光格天皇は三年間を過ごされました。光格天皇は精進料理を好まれ、中でも「ゆば」が大好物であったようで

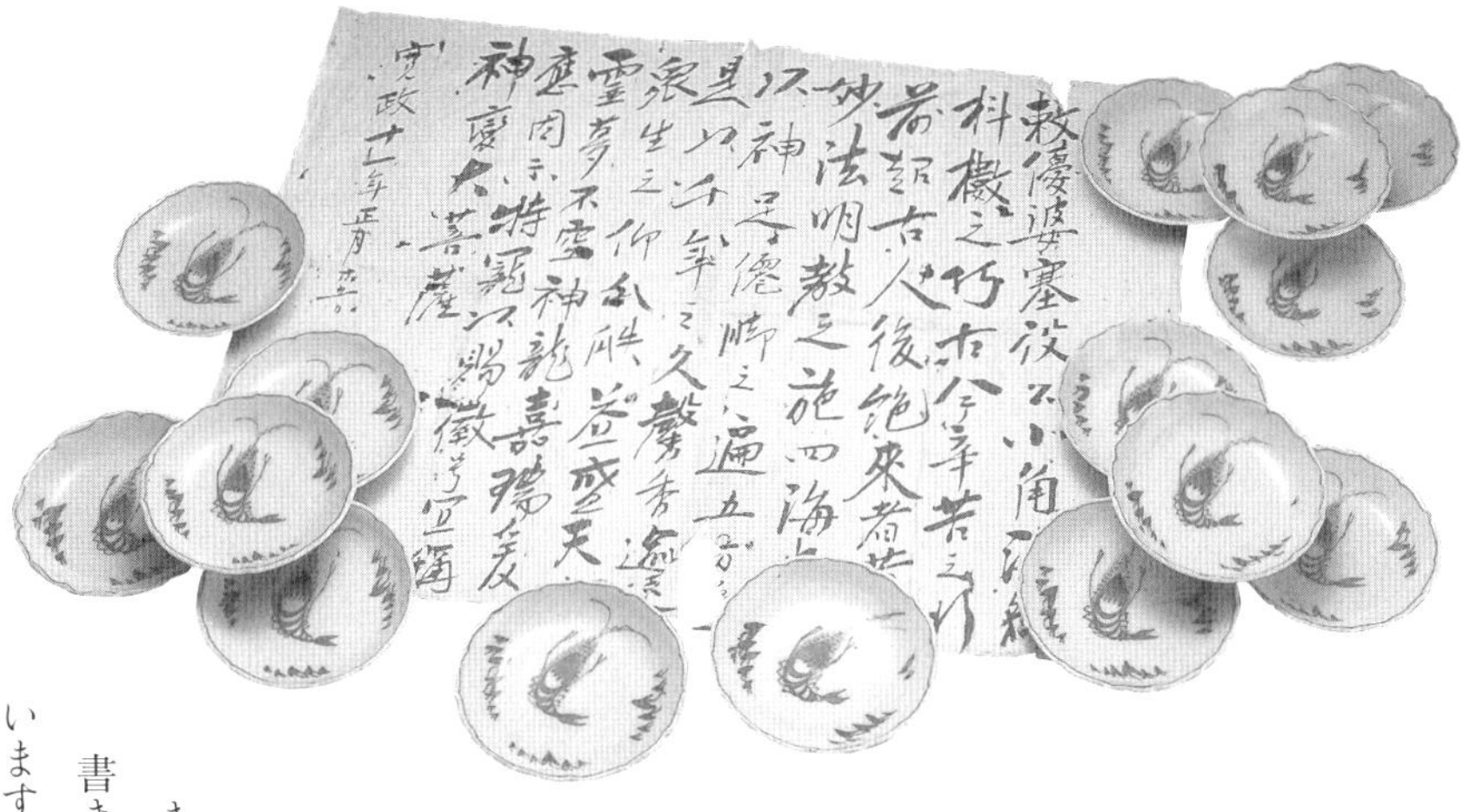

した。

径一尺余りの鍋に豆乳を入れ、炭火で温め表面に薄く張った膜（ゆば）を箸で取り上げ、海苔とわさびを加えた醤油をつけて召しあがられ、食事には二時間を費やされたと、御陪食賜った芫海は伝えています。また、宮家では、ゆばを「湯藻《ゆも》」と古くは呼んでいたと伝え聞いております。

こうしたご縁からか、昭和二十六年、滋賀県を行幸された昭和天皇に献上の栄誉に浴したことがあります。また、昭和五十六年、第三十六回びわこ国体にご臨席された天皇・皇后両陛下（当時、皇太子ご夫妻）に大津市長から、義母が丹精込めて巻いた比叡ゆばが献上されました。このとき、義母はゆばの作り方や比叡ゆばについてのお話を、「比叡ゆば縁起」として筆でしたためました。一字を間違えてはまた一から書き直すという魂を込めた作業を何度も繰り返し、丁寧に書き上げられました。その書は、今も本社の壁面を飾っています。

今から六十五年前、ゆば八を創業した義父、八木光男が若かりし頃、京都のゆば屋さんで修行を積んでいました。義母と出会ったのもその頃です。独立心旺盛だった義父は、人生相談をしたある人物から「豆を用意しておきなさい」と予言めいたことを言われたようです。言われた通り、豆を用意しておくと、ある話が舞い込んできました。大津の乾物屋さんが、人手が足りないので手間ひまのかかるゆば屋を誰かやってくれないだろうかと、人を探しているというのです。さっそく、大津へ引っ越すことを決め、義母は生まれて半年になる先代を背中に背負い、家財道具を乗せたリヤカーを引いて、京都から大津へ移動したのでした。気丈夫だった義母にとっても、この頃は辛い毎日だったようで、当時の話を私は時折、耳にしていました。

夏は暑く、冬は寒いゆば工場の中で、一枚一枚を竹串ですくう作業は根気を必要とします。しかし、義母は八十代になっても工場に出て、ゆばをすくったり、後進の指導にあたっていました。大変元気で個性あふれる女性でした。

義父母のあゆんだ道のりは、決して平坦なものではなかったと思います。しかし、ゆばを愛し、ゆばに誇りを持ち、ゆばと共に生きてきた人生は、私にとって手本であり、目標とも言えるでしょう。先代の急逝後は、義弟、家族や従業員たちが力になってくれました。それ以上に、私にとっては義母の協力が支えでした。半年後、私の実母が亡くなったとき、遺骨を前に誓ったことがありました。

「私の母は、夫が三途の河へ手を携えて歩いてくれる、ならば、私はお義母さんの手を取り、歩いていこう」

そして、義母と私で会社に通う毎日が始まりました。辛く悲しい日々を過ごす私を勇気づけてくれたのは、家族だけではありません。従業員が今日もなお、私と一緒に走り続けてくれています。

比叡ゆばには、ゆばを中心とした壮大な歴史を感じます。と同時に、ご縁のある者同士がこうして集まり、営々とゆばにたずさわっている、そう思うと、感謝の気持ちで一杯になるのです。

比叡ゆばの歌

ゆばにすべてを賭けた人、先代、八木憲一はそんな人でした。あるとき「比叡ゆばの歴史」と題して、これまでの軌跡を振り返り、B5用紙で五枚ほどにまとめています。

来し道を　ふり返りなば　いろいろと
　梅も桜も　ありしけりかも

この歌で締められているその書類は、「古きを生かし、新しきを活かす。それが当社の役目であり、本当に少しずつあゆむことが必要である。社員の幸福を祈りながら、了」と締めくくられています。その二ヵ月後にあたる、五月二十九日の朝、「行ってきます」の言葉を最後に、帰らぬ人となりました。

先代は、十五歳の時から、毎朝五時に起きて、作った豆乳をゆば釜に入れてから登校するという日々を送っていました。帰宅すると、ゆば釜の掃除、ゆばのセロハン包みを手伝い、夜は井戸からポンプで水を汲んできて大豆を洗い、桶に大豆を漬けて、就寝は十一時半頃でした。兄弟の中でも一番体力があったため、自然と先代の仕事になったようです。当時、祖母を含めて家族九名の生活は、ゆばのみでは苦しく、きな粉やはったい粉を作り、精米も手がけていたようでした。

先代は、膳所高校時代、夢と大志を持って進学を希望していました。その頃流行っていた南米への移民を夢見て、アマゾンの魚や農業について学び、柔道に汗を流していました。そんな中、人生の一つの決断が静かに進んでいたようです。

ある日、両親に三日間ほど旅行をすると言い置いて、旅に出ました。小銭とアルバイトで得たわずかなお金を持って、二泊三日の旅。一泊目は白浜に、二泊目は椿温泉、白鷺荘に泊まりました。魚を釣ったり、温泉に入ってリラックスしながらも、家族の生活と自分の将来を考えていたのでした。

その夜、おびただしい人の足音と救急車のサイレン、そして「酸素ボンベを早く！」という叫び声に驚いて隣の部屋に駆けつけてみると、湯治の若い女性が喘息でけいれんを起こしていました。皆で車に運んだ後も騒動の余韻で寝付けない夜を過ごしたようでした。旅の帰路、次の一首を詠んでいます。

我死なば　土に帰すべき　嵯峨野路の　枯葉舞い散る　方尺の地を

先代はその後、大学進学を断念し、義父母のあとを継ぎました。当時はとても貧しく、電話も隣の飲料店に行って使わせてもらったほどで、ただ、がむしゃらに働くしかなかったと、振り返っています。ゆばの膜が張る十分の時間を惜しんで、日経新聞や文芸春秋を読み、ラジオで世の中のことを学んでいたようです。

やがて、乾燥ゆばだけではなく、生ゆばにも手を広げていきました。家族の食事が少しずつ良くなり、皆の喜びが自分の喜びと感じながらも、ある日、疲れて風邪で寝込んでいたら、「昨日漬けた大豆もあるし、注文もあるのに」と義父に叱られ、休むことも、遊ぶこともできずに働き、しかし少ない月給を前に、自身の夢と理想がもろくも崩れかけた辛い時期を送っていました。

ようやく二十歳になり、酒を覚え、若い経営者同志、お酒を酌み交わしながら、熱く夢を語り合い、また、車の免許を取って、比叡山へ車で配達に行くようにもなりました。

日の本の　歴史の味や　比叡のゆば

と詠んだ句より、「比叡ゆば」と名づけ、今の源流となる商品を創りました。

昭和四十四年、株式会社比叡ゆば本舗ゆば八を創立してからは、百貨店の催事によく出張し、お客さまに買っていただける新商材の開発に勤しみました。昭和五十年、ガレージだった本店をアンテナショップにしたのです。この頃から、製造卸から、製造卸小売へと歩み出し、やるからには、日本一のゆば屋を目指そうと志を立て、新しい商材とお椀を持って、得意先を一件ずつ回っていきました。そして、平成五年には現在の四階建ての本社を新築するに至りました。

他界したのはその翌年です。前年に代表取締役副社長に就いていた私は、遺志を継ぐことになりましたが、あまりにも突然でしたので、別れができておらず、三年は涙することが多かったのです。なんとか乗り越えることができましたのは、家族や従業員、お取引先の皆様、友人達のおかげです。子育てを終えて常勤すると決まって以来、家族同様に、従業員とコミュニケーションを取っています。従業員は私にとって家族です。

継ぐからには、夫の心を重ねて二人三脚で歩みたいと決心し、ゆばを広げるために日常の食材を目指していきました。就任して初めての年頭挨拶では、当時、海藻石鹸がブームになっているのを見て、「比叡ゆばブームを起こす」と一念発起し、宣言しました。

私は幼い頃から目立つタイプでしたので、それを個性ととらえ、動く広告塔の役割を課しました。テレビにも取り上げていただき、地元のホテルと連携して料理講習会を始め、比叡ゆばファンを増やすための地道な努力が始まったのです。

先代は商品開発、製造、営業ができ、従業員をぐいぐいと牽引していました。私にはそれができません。しかし、私は新商品のヒントを出すことはできます。そのヒントを元に、従業員が商品化するパターンができ、自ら積極的に責任のある仕事にかかわるようになりました。これは大きな変化でした。

社業を継いだときにゆば八の夢を一人ひとりに提出してもらいました。こんな工場を作りたい、ゆばの調理法を広めたい、世界一のゆば八にしたいといった意見が出ました。今、当時の従業員の夢が、一つずつ叶いつつあります。

先代が遺した「比叡ゆば」を、皆様の健康と幸せのお役立ちにしていくことが、遺された私たちの役割です。

夫の歌とそれを受けて一首をしたため、比叡ゆばのお話を終わりたいと思います。

ゆば八に　来る人すべて　幸あれと　祈りつ今日も　ゆば創りかな（八木憲一）

ゆば創り　喜び多き　仕事かな　ご縁に感謝　ありがたき幸せ（幸子）

比叡ゆばを食せるお店

レストランでいただくゆば料理は、レシピの参考にもなるはず。そこで、「比叡ゆばを食せるお店」をご紹介します。各レストランでは、各店の個性を生かして、比叡ゆばを美味しく料理した、とっておきのメニューをご用意頂いています。観光名所にあるレストランもありますので、是非ともお立ち寄り下さい。完全予約制のお店もございます、詳細は各店にお問い合わせください。

芙蓉園

芙蓉園　本館
〒520-0113　滋賀県大津市坂本4―5―17(本館)
電話　077-578-0567

芙蓉園　別館
〒520-0113　滋賀県大津市坂本5―3―9
電話　077-578-0565

ふゅーちゃ

〒520-0044　滋賀県大津市京町3―2―11
電話　077-524-7005

麹　COCON　烏丸店(及び麹各店)

〒600-8411　京都府京都市下京区烏丸通四条下ル水銀屋町620　COCON烏丸地下1階
電話　075-353-5788

KKRホテル　びわこ

〒520-0105　滋賀県大津市下阪本1―1―1
電話　077-578-2020

琵琶湖ホテル

〒520-0041　滋賀県大津市浜町2―40
電話　077-524-7111

湯元館

〒520-0102　滋賀県大津市苗鹿2―30―7
電話　077-579-1111

眺望の宿　比叡山延暦寺会館

〒520-0116　滋賀県大津市上坂本本町4220
電話　077-578-0047

NOBU TOKYO

〒105-0001　東京都港区虎ノ門4―1―28
虎ノ門タワーズオフィス1階
電話　03-5733-0070

日本料理　繁松

〒430-0934　静岡県浜松市千歳町58―1
電話　0534-53-2591

名古屋観光ホテル 中国料理 北京

〒460-0003　愛知県名古屋市中区錦1―19―30
電話　052-231-1637

旬菜工房　しずく

〒527-0023　滋賀県東近江市八日市緑町21―1
電話　0748-25-0440

れすとらん　風月

〒520-0036　滋賀県大津市園城寺町(三井寺)246
電話　077-524-0638

洗心寮

〒520-0861　滋賀県大津市石山寺3―1―9
電話　077-537-0066

ふゅーちゃ祇園店

〒605-0082　京都府京都市東山区花見小路新門前上ル中之町244−1　花見会館1階
電話　075-532-2270

花様

東梅田店
〒530-0051　大阪府大阪市北区太融寺町5−15
梅田イーストビル2階
電話　06-6362-8010

北新地店
〒530-0002　大阪府大阪市北区曽根崎新地1−5−23　吉紹ビル1階
電話　06-6344-2998

NU茶屋町店
〒530-0013　大阪府大阪市北区茶屋町10−12
電話　06-6225-7083

南船場店
〒542-0081　大阪府大阪市中央区南船場4−7−6
電話　06-6258-0396

なんば店
〒556-0011　大阪府大阪市浪速区難波中2−2−16　2階
電話　06-6649-8755

阪急梅田店
〒530-0012　大阪府大阪市北区芝田1−7−2
阪急かっぱ横丁2階
電話　06-6377-6880

雄琴温泉　雄山荘

〒520-0101　滋賀県大津市雄琴1−9−28
電話　077-578-1144

びわ湖　花街道

〒520-0101　滋賀県大津市雄琴1−1−3
電話　077-578-1075

ラフォーレ琵琶湖

〒524-0101　滋賀県守山市今浜町十軒家2876
電話　077-585-3811

ロテル・ド・比叡

〒606-0000　京都府京都市左京区比叡山一本杉
電話　075-701-0201

京都ダイニング市場小路

ジェイアール京都伊勢丹店
〒600-8216　京都府京都市下京区　ジェイアール京都伊勢丹9階
電話　075-365-3388

寺町店
〒604-8045　京都府京都市中京区寺町錦上る
ウィズユービル地下1階
電話　075-252-2008

ナチュラルキッチン麹　阪急三番街店

〒530-0012　大阪府大阪市北区芝田1−1−3
阪急三番街北館1階
電話　06-6372-6688

豆乳とんしゃぶ寅太郎

〒600-8099　京都府京都市下京区仏光寺通
烏丸東入上柳町331　タカノハスクエア地下1階
電話　075-353-8885　0120-40-40-12（予約専用）

各店の情報は2013年7月末日現在。
最新情報は、http://hieiyuba.jpでお届けします。

比叡ゆばを買えるお店

比叡ゆば本舗ゆば八
〒520-0043　滋賀県大津市中央４－３－10　☎077-522-7398　http://hieiyuba.jp（http://比叡ゆば.jp）

東京

●マントウ
〒111-0035　東京都台東区西浅草１－４－２　☎03-3842-2316

●まんとう
〒111-0035　東京都台東区西浅草３－５－２　☎03-3844-1220

滋賀

●鮎家　鮎家の郷店
〒524-0201　滋賀県野洲市吉川4187　☎077-589-3999

●延暦寺会館
〒520-0016　滋賀県大津市上坂本本町4220　☎077-578-0047

●大津駅名店街
〒520-0851　滋賀県大津市春日町１－３　JR大津駅１階　☎077-525-1078

●大津西武
〒520-8580　滋賀県大津市におの浜２－３－１　☎077-521-0111

●大津ハイウェイレストラン　売店
〒520-0052　滋賀県大津市朝日が丘２－８－１　名神高速道路大津サービスエリア上り線
☎077-522-6092

●奥比叡ドライブウェイ　延暦寺バスセンター売店
〒520-0116　滋賀県大津市坂本本町4220比叡山　☎077-578-2139

●洗心寮
〒520-0861　滋賀県大津市石山寺３－１－９　☎077-537-0066

●暖灯館　きくのや　売店
〒520-0101　滋賀県大津市雄琴６－１－29　☎077-578-1281

●琵琶湖汽船食堂　大津港売店
〒520-0047　滋賀県大津市浜大津５－１－１　☎077-521-8019

●びわ湖花街道　売店
〒520-0101　滋賀県大津市雄琴１－１－３　☎077-578-1075

●琵琶湖ホテル　売店
〒520-0041　滋賀県大津市浜町２－40　☎077-524-7111

●琵琶レイクオーツカ　売店
〒520-0502　滋賀県大津市南小松1054－３　☎077-596-1711

●れすとらん風月（三井寺内）
〒520-0036　滋賀県大津市園城寺町246　☎077-524-0638

●芙蓉園　売店
〒520-0113　滋賀県大津市坂本４－５－17　☎077-578-0567

●湯元館　売店
〒520-0102　滋賀県大津市苗鹿町２－30－７　☎077-579-1111

●ラフォーレ琵琶湖　売店
〒524-0101　滋賀県守山市今浜町十軒家 2876　☎077-585-3811

●ロイヤルオークホテル　ショップ　ル・ラック
〒520-2143　滋賀県大津市萱野浦 23－1　☎077-543-9122

●びわこ近鉄レストラン　売店
〒520-0052　滋賀県大津市朝日が丘 2－8－1　名神高速道路 大津サービスエリア（下り線）
☎077-510-0808

●井筒八ッ橋本舗　追分店
〒520-0063　滋賀県大津市横木 1－3－3　☎075-502-2121

●多賀名鉄れすとらん　売店
〒522-0342　滋賀県犬上郡多賀町敏満寺 59－2　☎0749-48-1325

京都

●おみやげ街道　6 号売店
〒600-0000　京都府京都市下京区 JR 西日本京都駅南北自由通路

●京都駅ビル　JR 京都駅専門店街　富屋
〒600-8216　京都府京都市下京区烏丸通塩小路下ル東塩小路町　☎075-365-8725

●島本海苔乾物
〒604-8055　京都府京都市中京区錦小路通富小路東入東魚屋町 195　☎075-211-0291

●高島屋　京都店　（地下 1 階食料品売場）
〒600-8520　京都府京都市下京区四条通り河原町西入る　☎075-221-8811

兵庫

●ヤマダストアー　各店
〒671-1561　兵庫県揖保郡太子町鵤 235　☎（本部）0792-77-3890

各店舗

●コノミヤ　各店
〒538-0043　大阪府大阪市鶴見区今津南 1－5－32　☎（本部）06-6968-0561

●阪急オアシス　各店（一部店舗を除く）
〒531-0041　大阪府大阪市北区天神橋 7－1－10　☎（お客様相談室）0120-252-060

●平和堂　各店
最寄の各店舗にお問い合わせください。

2013年7月末現在。最新情報は、http://hieiyuba.jpでお届けしています。

あとがき

ゆばを日常の食材に、世界の食材へ――。先代が亡き後、ひたすらにその思いで今日まで走り続けて参りました。七十三周年を迎えるにあたり創業者、先代、そして私へと継がれてきたゆば八を振り返ることが出来、心より感謝致しております。

お客様やお取引先様方はじめ、多くの方々にご愛顧、ご指導頂き、お蔭様で今日まで来られましたことを大変ありがたく思っております。

先代の急逝後、経営に携わる身となり、実に様々な難題にぶつかっては、諸先輩方、従業員、仕事仲間、家族に支えられ、助けられて歩んできたことを改めて痛感しております。「ありがとう」の字の通り、困難な中にある時、人の優しさ、温かさに触れ、本当に大切なものに気づかせて頂きました。この場をお借りして、皆様に心より「ありがとう」を申し上げたいと思います。

八方に　木は花の玉　幸ざくら　子も無事にて　満ち足るべき人生を

先代が亡くなる一年前、八木幸子という名にちなんで、詠んでくれました。先代は、従業員一人ひとりに、このような歌を詠み、色紙にしたためては誕生日など、何かの折に贈っていました。「従業員が愛おしい」との先代の想いが込められた歌とともに、従業員の心には、今もなお先代が生き続けているように感じます。

私は先代の経営哲学、共生、調和を大事に「心の経営」を支柱に営んで参りました。多くの方に、日本の伝統食材である『ゆば』の魅力を知って頂きたいと思い、料理講習会を開いたり、自ら広告塔になって動いているうちに、いつしか講演で全国を回らせて頂くようになりました。思い返せば、小さい頃から私は人と出会うこと、話すことが大好きで、一人でも多くの方に出会いたいと思っておりました。

「念ずれば夢叶う」。感謝の心を忘れず、自分を信じ、目の前のことに一生懸命取り組んで、あとは、天に任せていれば一番良い時期に夢は必ず実現する、これが私の実感です。これからも幸せのメッセンジャーでありたい、そして、比叡ゆばを食べないと生きていけないというくらいの「比叡ゆば熱烈ファン」を増やしたい、いつもお客様に喜ばれる比叡ゆばでありたい……これが私の夢です。

今後、次世代に引き継ぐにあたっては、その個性を存分に活かした経営で、ゆば八をさらに飛躍させてくれることを心から願っております。

本書出版に当たり、多くの方にお世話になりました。まずは出版に際し、ご支援頂いた皆様に心より感謝申し上げます。取材でお世話になり、多大なご協力を頂きました、比叡山延暦寺の真嶋全康氏、比叡山瑞応院の山田能裕氏、松久信幸氏、大塚滋先生、ありがとうございました。コラボレーションをしている丸栄製パンの辻井孝裕氏、美冨久酒造の藤居宗治氏、ひので作業所のスタッフの皆さんにも感謝申し上げます。

そして、従業員の皆さん、本当にありがとう。いつも支えてくれて感謝しています。比叡ゆば本舗ゆば八は、近江商人の精神『三方良し』の『売り手良し、買い手良し、世間良し』を大切にした商いを目指します。ゆば創りを通して健康で幸せな食卓にお役立ち出来るように、これからも全社一丸となって、夢に向かって精進して参りたいと思います。

最後に、先代であり、夫、八木憲一に「ありがとう」。

山みどり　湖は青くて　初夏ならむ　白きヨットの　むらがり横切る

詠まれた紙の端には、一九九四年五月二十八日の文字。その十一年後、同日に琵琶湖に浮かぶ船上で、皆様にお集まり頂いて、ゆば八創業六十五周年をお祝いできましたこと、偶然ではなく、きっとあなたの力添えがあったからだと思います。ありがとう。

創業七十周年記念パーティは琵琶湖を真横に望む大津プリンスホテルにて、たくさんの方々にお集まり頂き、料理長渾身の『比叡ゆばづくし』のお料理が皆様に大変好評頂きました。あの日は先代誕生日の翌日、たくさんの白いヨットが晴天の青い湖に映えて、とてもきれいでしたね。きっと喜んでくれていたのでしょう。ありがとう。

そして、比叡ゆばを愛して下さるすべての方に、心からのありがとうを。

二〇一三年四月二十日

皆様に感謝をこめて　八木　幸子

比叡ゆばのあゆみ

一九四〇年（昭和十五）
◆大津にて八木光男・富栄がゆば八商店を創業

一九五一年（昭和二十六）
◆滋賀県行幸の際、昭和天皇に献上

一九六九年（昭和四十四）
◆株式会社比叡ゆば本舗ゆば八設立
◆八木憲一、代表取締役に就任
◆社是に「温故知新」を標榜

一九七〇年（昭和四十五）
◆八木憲一、幸子と結婚

一九七三年（昭和四十八）
◆八木光男他界（享年・六十六歳）

一九七六年（昭和五十一）
◆栗東工場開設

一九七九年（昭和五十四）
◆瀬田工場開設

一九八一年（昭和五十六）
◆びわこ国体の際、天皇・皇后両陛下に献上
◆「懐石ゆば」滋賀県知事賞受賞

一九八二年（昭和五十七）
◆第二十二回全国推奨観光土産品審査
日本商工会議所　努力賞受賞

一九九三年（平成五）
◆本社新社屋竣工

懐石ゆば：
憲一、信号を見て思いつく

佃煮瓶詰め:憲一、ゆばの惣菜に挑戦

一九九四年（平成六）

◆毎月十八日を「ゆばの日」と決める。徳用ゆばのサービスデー

◆「詰合せ京雅華」平安建都千二百年記念協会長賞受賞、滋賀県観光連盟会長賞受賞

◆五月二十九日　代表取締役、八木憲一他界（享年・五十五歳）

◆六月一日　八木幸子、代表取締役に就任

一九九五年（平成七）

◆社是を成文化
「温故知新～古きを生かし、新しきを活かす心づくり
創意工夫～生きがい、やりがいを感じる職場づくり
共存共栄～お客さまの喜びを目標とする商品づくり」

◆八木幸子、近江八幡にて初講演「念ずれば夢かなう」

一九九六年（平成八）

◆食文化研究会（関西経済界クラブ主催）の開催で、初のゆば工場体験見学を実施し、好評を得る

◆料理教室「心のおもてなしシリーズ」を始める

◆第三十七回全国推奨観光土産品審査日本商工会議所「詰合せ京雅華」農林水産大臣賞受賞

一九九七年（平成九）

◆「心のおもてなしシリーズ」第五回目で男の料理教室を開催

◆「比叡ゆば」商標登録取得

◆インドネシア・バリで比叡ゆば料理とバリ料理が融合

絵文字ゆば：
昆布ではなく、
焼印でゆばを留める

京ゆばしぐれ：
富栄が開発

一九九九年（平成十一）
二〇〇〇年（平成十二）
二〇〇一年（平成十三）
二〇〇二年（平成十四）
二〇〇三年（平成十五）
二〇〇四年（平成十六）

◆「九が三つ並んで、サンキュー！」気づいた時から感謝一念。
八木幸子「ありがとうモード」に入る
◆八木富栄他界（享年・九十歳）
◆韓国で比叡ゆば料理と韓国料理が融合
◆ゆば工場体験見学ツアーを本格的に開始
◆「ゆばの佃煮（瓶詰め）」全国商工会連合会会長賞受賞
◆長浜事業部開設
◆ゆば工場が、中学生の体験学習の場となる
◆滋賀県人会世界大会に参加。パリでシェフの手によって比叡ゆば料理とフランス料理が融合される。八年越しの夢を叶えて感無量に！
◆ロンドンで開かれた「オリジナル寿司コンペティション二〇〇三」で、三色きざみゆばを飾りつけた「レインボー囲み寿司」（バリー・パルマー氏）が準グランプリを受賞
◆NOBU TOKYOで松久信幸氏に出会い感激する
◆「豆乳おからうどん」誕生
◆「豆乳おからパン」シリーズ誕生

おつくりゆば誕生

ゆばチップス：
すぐに食べれるゆばを！
という八木幸子の
リクエストに応えて誕生

乾燥徳用ゆば：
戻さず、すぐ料理に使える
乾燥ゆば

彩りゆば・色付大判ゆばをきざんだ三色きざみゆば：
色付大判ゆばは、染色に詳しい社員が中心に開発。
21 世紀は彩りの時代と考えて、
色鮮やかなゆば創りに挑戦した

二〇〇五年（平成十七）

◆「豆乳おからうどん」農林水産省総合食料局長賞受賞

◆比叡とろゆば開発

◆比叡ゆばのお吸い物、湯葉みそ汁開発

◆『比叡ゆばから始まるおいしい話』発刊

◆滋賀県人会世界大会に参加。アメリカで……

二〇〇六年（平成十八）

◆八木幸子が内閣府男女参画特命担当大臣より『女性のチャレンジ賞』受賞

二〇〇九年（平成二十一）

◆公示特許『豆乳おからパンの製造方法』取得

◆第五十回全国推奨観光土産品審査会『k—五〇』日本観光協会長受賞

二〇一〇年（平成二十二）

◆創業七十周年記念パーティ『比叡ゆばづくし料理』で大津プリンスホテルにて開催

二〇一三年（平成二十五）

◆NOBU TOKYOで『北雪の生酒と比叡ゆば料理』コラボイベント開催され大変好評

◆NOBU　ニューヨーク・トライベッカ店、ミッドタウン店で『北雪酒造の生酒と比叡ゆば料理』コラボイベント開催され大変好評

◆守山新工場開設予定

とろゆば誕生

比叡ゆばの即席商品誕生

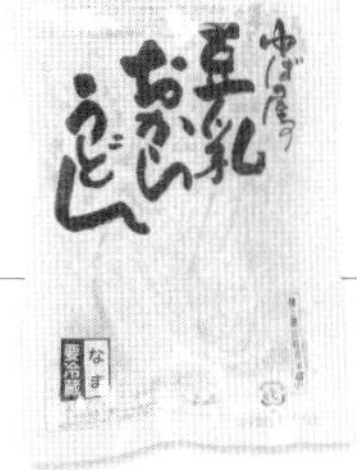

コラボレーションの
商品が誕生

【参考文献】

改訂食品事典4野菜　河野友美編　真珠書院（一九七四）
味覚辞典　日本料理　奥山益朗編　東京堂出版（一九七二）
中国食文化事典　木村春子他著　角川書店（一九八八）
クスリになる食べもの　大塚滋監修　創元社（一九九三）
たべもの日本史総覧　吉成勇編　新人物往来社（一九九三）
その食事ではキレる子になる　鈴木雅子　河出書房新社（一九九八）
セルフドクター・秋号　㈱ジャパンライフデザインシステムズ（二〇〇二）
生活シリーズ豆乳のチカラ　主婦と生活社（二〇〇三）
おいしい！豆腐ざんまい　林幸子　永岡書店（二〇〇三）
五訂食品成分表　香川芳子監修　女子栄養大学出版部（二〇〇四）
もの忘れを防ぐ28の方法　米山公啓　集英社（二〇〇五）
現代農業・一月号　農山漁村文化協会（二〇〇五）
皇室アルバム集　皇室初の慶事・満80歳を迎えられた天皇陛下　産業倶楽部社（一九八二）

著者略歴

八木幸子（やぎ・さちこ）
滋賀県立膳所高校卒業。一九七〇年に（株）比叡ゆば本舗ゆば八の前代表取締役だった故・八木憲一氏と結婚。94年に憲一氏が急逝して社業を継ぎ、新商品の開発や料理講習会などに精力的に取り組んで、ゆばの知名度アップに貢献する。

レシピ監修

目片智子（めかた・ともこ）
大和学園、故田中藤一氏に師事。調理師、栄養士、免許取得。現在、大和学園調理科学講師、かんでんEハウス料理講師、（株）ジャパンフーズグループ（有）伏見島津取締役商品開発部長を務める。日本調理師会京都府支部監事、全日本司厨士協会会員。

比叡ゆばから始まるおいしい話

～自然派の食卓へ、家庭で作れるゆばレシピ50～

二〇〇五年六月七日　初版第一刷発行
二〇一三年八月六日　第二版第一刷発行

著　者――八木幸子
レシピ――目片智子
発行者――内山正之
発　行――株式会社西日本出版社　http://www.jimotonohon.com
〒五六四-〇〇四四　大阪府吹田市南金田一-八-二五-四〇二
営業・受注センター――〒五六四-〇〇四四　大阪府吹田市南金田一-一一-一一-二〇二
電話　〇六-六三三八-三〇七八
FAX　〇六-六三一〇-七〇五七
郵便振替口座番号　00980-4-181121

写　真――堀出恒夫
編集／構成――親谷和枝
ブックデザイン――八木貴子
本文デザイン――上野かおる＋北尾崇（鷺草デザイン事務所）
表紙の書・篆刻――神田風香
印刷・製本――亜細亜印刷株式会社

ISBN978-4-901908-12-2 C0077